Le Leadership de cœur

Catalogage avant publication de Bibliothèque et Archives nationales du Québec et Bibliothèque et Archives Canada

Labelle, Ghislaine Florence, auteure
Le leadership de cœur : passez du savoir-faire au savoir-être / Ghislaine Florence Labelle.
ISBN 978-2-89788-065-1 (couverture souple)
1. Leadership - Aspect psychologique. 2. Leadership - Aspect moral. I. Titre.
HD57.7.L32 2018 658.4'092019 C2018-940470-1

Avec la participation financière du gouvernement du Canada. Canada

Nous remercions la Société de développement des entreprises culturelles du Québec (SODEC) pour son appui à notre programme de publication.

Gouvernement du Québec – Programme de crédit d'impôt pour l'édition de livres – Gestion SODEC.

Infographie de la couverture : Marjorie Patry
Mise en pages : Josée Larrivée
Revision linguistique : Amélie Lapierre
Correction d'épreuves : Daniel Picard

Éditeur : Les Éditions Le Dauphin Blanc inc.
Complexe Lebourgneuf, bureau 125
825, boulevard Lebourgneuf
Québec (Québec) G2J 0B9 CANADA
Tél. : 418 845-4045 Téléc. : 418 845-1933
Courriel : info@dauphinblanc.com
Site Web : www.dauphinblanc.com

ISBN version papier : 978-2-89788-065-1
ISBN version numérique epdf : 978-2-89788-066-8
ISBN version numérique epub : 978-2-89788-067-5

Dépôt légal : 2e trimestre 2018
Bibliothèque nationale du Québec
Bibliothèque et Archives Canada
Données de catalogage disponibles auprès de Bibliothèque et Archives nationales du Québec.

Imprimé au Canada

Ghislaine Florence Labelle

Le Leadership de cœur

Passez du savoir-faire au savoir-être

Le Dauphin Blanc

À toutes les merveilleuses personnes que j'ai eu l'honneur et
le privilège d'accompagner en tant que coach et
qui ont pris à cœur leur transformation personnelle
en tant que leader de leur équipe et de leur famille…
Merci pour le bout de chemin que nous avons poursuivi
ensemble, car vous avez toutes, sans exception,
contribué à ma propre transformation.

Merci à mon conjoint, Émile, et à mes enfants,
Nancy, Emmanuel et Marie-Claude, de faire partie de ma vie
et de m'avoir permis de développer des qualités essentielles
en tant que leader de cœur responsable de ma vie,
de ma famille et de ma communauté.

Table des matières

Avant-propos

Stanislov Yevgrafovich Petrov était un lieutenant-colonel dans l'armée soviétique. Le 26 septembre 1983, si cet homme avait écouté son mental et la logique, au lieu de sa voix intérieure, nous ne serions plus ici, car toute l'humanité aurait été détruite par une guerre nucléaire. Cela aurait été la fin de notre existence sur terre.

Plus précisément, si cet homme n'avait pas été en poste le soir du 26 septembre 1983, et qu'une autre personne avait occupé sa place, la décision prise à ce moment aurait pu être bien différente, générant des répercussions dévastatrices pour toute la planète.

Ce soir-là, Petrov était à son poste de commande. Soudainement, l'alarme du système de satellite informatique s'est déclenchée : un missile nucléaire venait d'être lancé en direction de l'Union Soviétique, en provenance du Dakota du Nord situé dans l'ouest des États-Unis. Immédiatement, le protocole obligatoire dans un tel cas a été mis en action à la suite du commandement de Petrov. Tous les systèmes terrestres, incluant la vérification de la fiabilité du système informatique, ainsi que tous les satellites aériens, ont été vérifiés. Ils ont tous confirmé, mis à part le système de vérification visuelle aérienne, que le missile avait bel et bien été lancé et se dirigeait vers la Russie.

Cet événement a eu lieu presque immédiatement après que la Russie eut détruit, par erreur, un avion privé qui transportait des centaines de passagers civils et innocents durant la guerre froide. Cette action venait d'être condamnée par les États-Unis et le président Reagan. Cela a donc eu lieu durant une période où les relations entre la Russie et les États-Unis étaient devenues très tendues. Les Russes étaient déjà en état d'alerte durant cette période, anticipant la possibilité que les États-Unis passent aux actes contre eux. Le lancement d'un missile était donc, à ce moment, tout à fait plausible en ce qui les concernait.

Par contre, Petrov ne se sentait pas à l'aise quant aux résultats et preuves confirmant que ce missile était en chemin vers son pays, car, après plusieurs minutes, le missile n'était toujours pas capté visuellement par les satellites, ce qui le dérangeait grandement. À la grande surprise de tous, le système a donné une seconde alarme selon laquelle un deuxième missile était maintenant lancé du même endroit, aux États-Unis. Encore une fois, une multitude de vérifications ont eu lieu en quelques minutes grâce au système informatique, lequel confirmait la véracité de ces nouvelles informations. Même si tous les regards étaient tournés vers Petrov, ne comprenant pas pourquoi il ne sonnait pas l'alarme et ne donnait pas le commandement de contre-attaquer, il ressentait, en son for intérieur, que ces missiles n'existaient pas. Il n'avait aucune preuve du contraire, mis à part l'absence de confirmation visuelle qui, selon les experts en poste ce soir-là, était due au mauvais temps et aux nombreux nuages.

Lorsqu'un haut placé l'a appelé sur sa ligne d'urgence, Petrov l'a rassuré en lui indiquant que c'était une fausse alerte. Par contre, ses collègues, découragés et frustrés de sa réaction et de son inactivité, ne pouvaient agir sans qu'il leur en donne l'ordre. Ils étaient tous en désaccord avec sa façon de ne rien faire quant à cette urgence.

Le système a alors indiqué qu'un total de cinq missiles avaient été lancés par les États-Unis, et Petrov était alors certain que cela ne pouvait être qu'un problème avec le système de satellites informatiques, qui était quand même assez récent. Il était persuadé que les États-Unis n'auraient pas eu besoin de lancer autant de missiles à la fois.

Le stress de Petrov était à son comble pendant qu'il écoutait la voix intérieure de son intuition, son cœur, sachant que la décision qu'il prendrait et l'information qu'il donnerait aux responsables haut placés détermineraient l'avenir et la continuité de notre monde, tel que nous le connaissions.

Lorsque ses officiers lui ont demandé « Que fait-on ? » et alors qu'ils s'attendaient à ce que son ordre soit de lancer leurs propres missiles nucléaires, la réponse de Petrov a été : « On ne fait rien ! » Tous ont alors été en état de choc, n'en croyant pas leurs oreilles.

Si Petrov avait suivi à la lettre le protocole préétabli, s'il avait eu une réaction de colère par rapport aux États-Unis, s'il avait pris une décision motivée par l'ego et non par le cœur, l'ordre aurait sûrement été donné de lancer les missiles nucléaires, ce qui aurait entraîné la fin de notre monde. Plusieurs d'entre nous ne savaient pas que, le soir du 26 septembre 1983, nous sommes tous passé très proche de la fin du monde et que, grâce à son intervention divine, cet homme nous a tous sauvés d'une fin certaine.

Petrov a exercé un leadership de cœur, défiant toutes les preuves tangibles et mesurables du système informatique et un protocole qu'il devait suivre à la lettre. Sa voix intérieure, cette intuition qui a défié toutes les preuves logiques, l'a guidé vers une décision constructive qui a sauvé l'humanité.

Et il a été prouvé que le système avait bel et bien fait défaut et que ses fausses alarmes avaient été le résultat d'un alignement rarissime de la lumière solaire et des nuages en haute altitude au-dessus du Dakota du Nord, en sol américain, et des orbites de Molniya des satellites.

Petrov n'a reçu aucune reconnaissance de la part de son propre pays. Il a d'abord été félicité, pour être ensuite réprimandé par son commandant supérieur de ne pas avoir fait de rapport écrit complet de cet incident. Cela a d'ailleurs été partagé avec le grand public lors de la publication, durant les années 1990, des mémoires de Yury Votintsev, qui était le commandant en chef lorsque cet incident du *Soviet Air Missiles Defense Units* est survenu. Suite à cette publication, l'intérêt public quant à ce héros, jusque-là inconnu, n'a cessé de grandir.

Petrov a reçu de multiples reconnaissances, non seulement des États-Unis, mais de l'ONU et de l'Allemagne. Cet individu très humble n'a cessé de répéter, durant tous les discours qu'il a donnés à différentes organisations, qu'il n'avait été qu'à la bonne place, au bon moment, et qu'il ne se considérait nullement comme un héros. L'humilité est toujours l'un des comportements provenant du cœur. Il insistait toujours pour dire que sa formation civile lui avait beaucoup servi ce soir-là, et qu'un autre individu, qui aurait simplement suivi sa formation militaire, aurait pris une tout autre décision, qui aurait pu entraîner une guerre nucléaire.

Voilà comment le leadership de cœur a sauvé le monde. Et voilà pourquoi nous devons tendre vers ce type de leadership[1].

Cela est un exemple supplémentaire de l'impact et des résultats du genre de leadership que nous exerçons lors de notre passage sur terre, ainsi que de l'héritage que nous laisserons derrière nous lorsque nous quitterons cette terre.

---

1. Wikipédia, « L'homme qui sauva le monde », https://web.archive.org/web/20110721000030/http://www.worldcitizens.org/petrov2.html.

Mon plus grand souhait est que le présent livre guide le plus grand nombre de personnes des différents paliers de leadership dans notre monde, que ce soit à la tête d'un pays, d'une équipe ou d'une famille. En fait, mon plus grand espoir est qu'il participe à l'élévation de la conscience collective et à la transition d'un leadership dysfonctionnel vers un leadership de cœur, le tout se traduisant par une grande différence pour l'humanité tout entière.

Introduction

Après plus de 15 années d'accompagnement et de coaching de leaders venant de différentes sphères du monde des affaires, j'ai senti le besoin de contribuer à la transformation du style de leadership dictatorial qui est maintenant désuet, et complètement désaligné de la nouvelle énergie planétaire. D'ailleurs, nous sommes tous témoins et nous subissons les résultats de ce leadership dysfonctionnel dans notre monde.

Contrairement à ce que plusieurs en pensent, les leaders d'aujourd'hui recherchent un sens à ce qu'ils font, ils savent au plus profond d'eux-mêmes qu'ils sont, en quelque sorte, déconnectés de leurs valeurs fondamentales et de la sagesse de leur cœur.

Plusieurs recherchent une connexion et un équilibre entre leur mental et leur cœur. Ils réalisent qu'ils sont parfois désalignés, et ils sont malheureux, car ils savent qu'ils ont vendu leur âme pour satisfaire leur besoin de prestige, d'argent et de pouvoir.

Les épuisements professionnels ont atteint des niveaux hallucinants, sans compter le nombre de suicides et de tentatives de suicides dû à cette déconnexion de l'âme de sa raison d'être.

Cet ouvrage a pour objectif de sensibiliser toute personne qui occupe présentement une position de leadership, quelle qu'elle soit. Donc, que vous soyez président ou premier ministre d'un pays, directeur général d'une entreprise, superviseur d'une équipe ou parent, vos paroles, actions et décisions ont des conséquences non seulement sur votre peuple, votre organisation, vos employés ou vos enfants, mais sur le Tout… l'humanité entière.

Puisse ce livre vous aider à vous faire découvrir la vraie puissance qui réside à l'intérieur de votre cœur, et ce, afin de réaliser l'importance de votre mission en tant que leader. Ce n'est pas par hasard que vous vous retrouvez dans un rôle si important. La vie vous a choisi en tant que leader.

Il est donc temps d'en prendre connaissance et de vous aligner sur cette grande responsabilité afin de faire une différence non seulement dans vos équipes, vos organisations et vos familles, mais dans le monde entier, afin que nous puissions, collectivement, créer un monde meilleur qui sera une projection de notre propre transformation intérieure. Soyons des leaders et des êtres humains responsables.

CHAPITRE 1

Pourquoi un leadership de cœur?

En tant que coach de gestion, je réalise que ma mission dans le monde des affaires consiste à allumer la flamme intérieure qui réside dans le cœur de chaque leader ou gestionnaire afin que son rôle soit vu comme une mission, et non pas comme un *job* ou une façon de prouver sa supériorité face aux autres. Nous faisons tous partie l'un de l'autre. Les leaders sont appelés à réaliser que les membres de leur équipe sont tous des projections d'eux-mêmes, que tous reflètent ce qui habite à l'intérieur d'eux, le bon comme le moins bon.

Le leadership nous choisit, et non pas le contraire. Mon parcours de vie me permet de le voir clairement maintenant. Accepter cela en tant que mission de vie et raison d'être nous permet de vraiment embrasser cette mission et de poursuivre le chemin qui nous mène à notre propre développement tout en contribuant à la croissance de tout un chacun. Accepter cette grande responsabilité et y devenir présents, cela est primordial, car, en tant que leaders, nous sommes des modèles, des pères et des mères de famille, nos attitudes et nos comportements envoient des messages forts quant à ce qui est considéré comme acceptable ou tolérable dans notre société.

Si nous regardons l'état de notre société, nous avons les résultats flagrants du leadership dysfonctionnel dont nous avons tous été les «récipients» depuis des millénaires. Ce style de leadership, dominant et dictatorial, a généré de multiples guerres, génocides, crises économiques, corruptions, crimes contre l'humanité, crises environnementales, et la liste pourrait s'étendre à l'infini.

Des leaders frisant la démence ont eu un immense impact, et ils ont une grande influence en ce qui a trait à l'avenir de notre planète.

Nous n'avons qu'à nous référer à notre histoire pour prendre connaissance de ces leaders inspirés par leur ego. Ils ont tué et massacré des millions d'hommes, de femmes et d'enfants pour leur gloire et leur triomphe personnels. Leur soif de pouvoir et leur grand besoin de dominer et de conquérir le monde ont eu un impact énorme sur l'humanité. Des civilisations complètes détruites et disparues. L'avidité de ces leaders dysfonctionnels centrés strictement sur leur propre gloire, sans aucune considération pour le collectif ou l'environnement, a semé et généré un monde de peur, de violence, de pauvreté, de pollution environnementale et de méfiance. Les séquelles se sont manifestées de génération en génération, et nous les subissons tous encore dans notre monde.

Voici les dix leaders les plus destructeurs de notre histoire:

1. Alexandre le Grand: 356-323 av. J.-C.

Il a conquis la Grèce, vaincu l'Empire perse. Il a combattu en Asie Mineure (Turquie actuelle), en Égypte et en Inde.

2. Jules César: 100-44 av. J.-C.

Il a conquis la Gaule et l'ajouta à l'Empire romain (Europe occidentale). Il était un dirigeant puissant et cruel.

3. Caesar Auguste: 63-14 av. J.-C.

Octave, à la naissance, fut l'un des plus grands conquérants de l'histoire. Au moment de sa mort, il avait doublé son empire, mais à quel prix?

4. Attila Le Hun: 395-453

Il était redoutable. Un leader barbare. On parlait de lui comme du « fléau de Dieu ». Il a dévasté l'Empire romain et a dominé l'Europe entière.

5. Charlemagne: 742-814

Il est connu sous le nom de Charles le Grand. Son frère est décédé dans des circonstances suspectes. Il a mené nombre d'attaques au nom du christianisme et a ordonné l'exécution de mille personnes par jour.

6. Guillaume le Conquérant: 1028-1087

Aussi appelé «Guillaume le Bâtard», il était le fils illégitime de Robert, duc de Normandie. Il a envahi l'Angleterre, a tué son adversaire Harold, comte de Wessex, qui avait été couronné roi après la mort du roi Edouard. Il a conquis avec succès toute l'Écosse et le pays de Galles.

7. Gengis Khan: 1162-1227

Il est l'un des plus grands conquérants de l'histoire, né en Mongolie. Puisque sa puissante armée avait grandi, il a repris ce qui est maintenant la Chine, des territoires de Russie, la Turquie, le Moyen-Orient et la Perse. Le nombre de personnes qu'il a tuées est inégalé par tout autre conquérant. Le nombre de territoires qu'il a conquis était quatre fois plus grand que le nombre conquis par Alexandre le Grand.

8. Tamerlan: 1336-1406

Aussi connu sous le nom de «Timur le boiteux» à cause d'une paralysie partielle, il a prétendu être un descendant de Gengis Khan. Il a tenté de recréer l'empire de Khan en utilisant ses croyances islamiques de base pour construire une armée et prendre en charge des régions de l'Asie, de l'Afrique et de l'Europe. Son armée a tué plus de 17 millions de personnes, soit 5 % de la population du monde de cette époque, et ce, en utilisant la religion comme facteur de motivation.

9. Napoléon Bonaparte: 1769-1821

Il a conquis l'Égypte. Il a établi des lois afin de rétablir la religion catholique. Il a gagné le pouvoir sur un certain nombre de territoires en Europe. Un des plus grands conquérants de l'histoire. Il a dissous avec succès l'Empire romain.

10. Adolphe Hitler: 1889-1945

Il a créé le Troisième Reich, une dictature afin d'éliminer la population juive. Il a généré la Seconde Guerre mondiale. Hitler a repris la quasi-totalité de l'Afrique du Nord et de l'Europe. Il a tué de 5 à 6 millions de personnes, soit les deux tiers des Juifs d'Europe et environ 40 % des Juifs du monde.

Nous pouvons aussi nous rappeler le génocide en Arménie, d'avril 1915 à juillet 1916, qui a coûté la vie à environ 1 200 000 Arméniens, le génocide au Rwanda en juillet 1994 comptant près de 1 000 000 de morts, le génocide en Bosnie de 1992 à 1995 dénombrant environ 33 000 morts, et ce, sans compter la guerre en Syrie et toutes les attaques terroristes semant violence, abominations et peur dans notre monde.

Ils ont tous utilisé une même puissance pour gouverner : la peur !

Tout leadership provenant du cœur ne pourrait créer et manifester un tel monde, car le cœur ne peut motiver ou inspirer un être à commettre de telles atrocités ! Comment un être humain peut-il commettre de tels crimes ? La réponse est simple : cela devient possible lorsque l'être est complètement désaligné et déconnecté de son cœur, là où réside l'amour, la source même de la vie.

La nouvelle énergie du cœur est en place; l'ancien format de leadership dominant et écrasant ne passe plus. D'ailleurs, ce dernier format est étouffant et n'est pas accepté de la grande majorité des jeunes leaders. La nouvelle énergie du cœur nous pousse et nous inspire à revoir notre façon de faire en tant que leader responsable d'un pays, d'une équipe, ou même d'une famille, car nous avons tous, sous différentes formes, des rôles de leader.

La nouvelle qualité de leadership ne peut se transformer par le mental, mais elle peut le faire par l'ouverture du cœur et la connexion à la conscience, la source de tout. Grâce à celle-ci, nous pourrons transformer nos familles, nos équipes, nos pays et l'humanité.

Lorsque j'ai commencé ma carrière en tant que coach de gestion, il y a plus de 15 ans maintenant, j'ai déclaré que je désirais contribuer à la transformation du monde des affaires une conversation à la fois, un leader à la fois. Maintenant, écrire ce livre m'inspire, car je désire partager ma vision avec plusieurs gestionnaires, familles… avec l'humanité entière.

Même dans la nature, nous sommes témoins de l'importance du leadership. Tous les troupeaux ou communautés du monde animal ont un leader pour les diriger. Cela est important pour leur survie.

Par contre, en ce qui concerne les êtres du règne animal ou les êtres humains, la source de vie choisit de s'exprimer à travers ceux qui ont été choisis pour jouer ce rôle important. Aussi, pour être un leader puissant, cela demande d'être complètement aligné sur la source de vie qui réside dans son cœur, afin d'être bien guidé et de faire des choix responsables qui apporteront des bienfaits pour tous, que ce soit pour sa famille, sa communauté, ses entreprises, son pays ou l'humanité tout entière.

Suis-je un leader?

Nous pouvons percevoir les qualités d'un leader dès son très jeune âge. Si vous regardez jouer un groupe d'enfants, vous verrez lesquels ont déjà une facilité à prendre les rênes : ils sont portés à diriger plutôt qu'à se laisser diriger.

En tant qu'entrepreneure, je constate, grâce à un certain recul, que j'avais déjà, à un très jeune âge, des aptitudes de leadership. À la maison, ayant eu une mère avec une santé fragile, j'avais pris en main des tâches telles que faire les repas, le ménage, prendre soin des plus jeunes et de ma mère. Adolescente, j'ai été capitaine des tambourines dans un corps de clairons, j'ai formé une troupe de danse et j'ai enseigné des chorégraphies en vue du spectacle de fin d'année. Jeune adulte, j'ai amorcé une carrière en tant que secrétaire, pour me retrouver éventuellement à occuper des postes de secrétaire de direction. J'ai ensuite entamé une carrière dans la vente, pour me retrouver directrice de la commercialisation et des ventes pour des entreprises internationales. Puis, je suis devenue chef de deux entreprises.

Le leadership est souvent quelque chose déjà présent à l'intérieur de nous depuis notre tendre enfance, nous poussant et nous inspirant à avancer dans cette direction. Le leadership est la source même de la vie qui désire s'exprimer à travers nous. Si nous la laissons prendre toute sa place et s'exprimer en passant par le chemin de notre cœur, elle attirera vers nous toutes les occasions opportunes, les personnes et les situations qui nous permettront de jouer ce rôle très important dans notre vie et dans le monde.

Voici quelques exemples de leaders et de personnes influentes[2], pas nécessairement dans des postes de leadership, mais qui ont

2. *Top-10* des leaders les plus inspirants d'aujourd'hui – College Degree Search - Google.

un parcours hors du commun qui a touché, de quelque façon que ce soit, des peuples, des organisations, des communautés et des familles. Tous ont démontré que le leadership faisait partie de leur mission de vie et de leur raison d'être :

Barack Obama

Il représente le rêve américain écrit en grand. Non seulement il a été élevé par une mère monoparentale, mais il est devenu le leader du monde libre. Il a réussi à le faire en tant que « minorité ». Il a été le premier président afro-américain. Obama a instantanément inspiré des millions de personnes à travers le monde. Il a reçu le prix Nobel de la paix. Indéniablement, il est un individu inspirant, influent, et un homme de cœur.

Oprah Winfrey

Contrairement à de nombreuses célébrités, Oprah crée des vagues qui ont tendance à toujours soutenir des causes humanitaires. Issue d'un milieu très humble, elle utilise son histoire pour prouver que tout un chacun peut atteindre ses objectifs et ses rêves. En tant que femme noire, elle est une inspiration claire pour tous les Afro-Américains et les femmes, et son influence s'étend vraiment à toutes les races, ainsi qu'à tous les genres et groupes d'âge.

Mohammed Nasheed

Originaire des Maldives, il est connu de ceux qui suivent de près les questions environnementales. Il a servi en tant que président de 2008 à 2012 et il a obtenu ce poste après avoir été emprisonné des dizaines de fois pour des raisons politiques. Pendant son mandat, il a cherché à rendre son petit pays complètement « neutre » en ce qui a trait au carbone. Tout en travaillant à cet objectif, il a su inspirer plusieurs dirigeants à travers le monde. Depuis ce temps, le concept de neutralité carbone est pris plus au sérieux que jamais, et sans doute que l'influence de Nasheed y a joué un très grand rôle.

Bill Gates

Bill Gates a brisé les fausses croyances que les milliardaires ne sont pas des gens généreux. En tant que fondateur de Microsoft, il a toujours été fermement engagé dans la fondation qu'il a créée avec son épouse et qu'ils dirigent d'ailleurs ensemble, La fondation Bill et Melinda Gates, qui travaille à améliorer l'éducation aux États-Unis, à lutter contre les maladies infectieuses et à combattre la pauvreté par l'approvisionnement alimentaire dans le monde.

Terry Fox[3]

En poursuivant son Marathon de l'espoir à travers le Canada en 1980, Terry est devenu une source d'inspiration, de courage et d'influence, non seulement pour tous les Canadiens, mais pour le monde entier. Il a été amputé d'une jambe à la suite d'un diagnostic de cancer des os à 18 ans, et cela ne l'a pas empêché de commencer son voyage à travers le pays pour amasser des fonds afin de promouvoir la recherche sur le cancer. Bien qu'il n'ait pas pu terminer le voyage, le processus a fait de lui un héros national, et plus de 650 millions de dollars ont été recueillis en son nom. Il a été la plus jeune personne à recevoir l'Ordre du Canada, en 1981, peu de temps avant sa mort. La première Course Terry Fox a eu lieu environ deux mois plus tard.

3. Terry Fox – fr.wikipedia.org/Terry-Fox.

Viola Desmond

Elle a été la première Canadienne à figurer sur notre monnaie. Elle a été une pionnière des droits des Noirs en Nouvelle-Écosse. Le 8 novembre 1946, Desmond est allée au cinéma au Roseland Theatre de New Glasgow et, après avoir acheté son billet, elle s'est assise dans la section inférieure, dans le salon près de l'écran. Lorsque le gestionnaire l'a informée que ce coin était réservé uniquement aux clients blancs, elle a refusé de partir.

Elle fut enlevée de force, emprisonnée et condamnée à une amende pour avoir défié l'autorité, mais elle s'est continuellement battue contre ces accusations et a finalement obtenu grâce en 2010, soit 45 ans après sa mort. Montréal a nommé une rue en son honneur. Une femme de cœur et de courage.

Nellie McClung

Elle s'est battue afin d'obtenir le droit de vote pour les femmes manitobaines en 1916, ce qui a fait du Manitoba la première province du Canada à l'avoir autorisé. Écrivaine, enseignante, épouse et mère de cinq enfants, Nellie McClung s'est toujours battue pour les droits des femmes. Plus tard, dans sa carrière, elle a déménagé en Alberta, où elle est devenue députée provinciale, puis la première femme à siéger au conseil d'administration de Radio-Canada, en plus de faire partie de la délégation canadienne.

René Lévesque[4]

René Lévesque a fait ses débuts en tant que journaliste à la station de radio CHNC de New Carlisle alors qu'il n'avait que 15 ans. Pendant ses années d'études à Québec, il a travaillé à

4. Biographie, Fondation René-Lévesque – 2009-2017 [https://fondationrene-levesque.org].

titre d'annonceur à CKCV et à Radio-Canada. En décembre 1943, grâce à sa maîtrise du français et de l'anglais, il a été recruté comme correspondant de guerre par l'Office of War Information, le service de presse américain responsable de couvrir les opérations militaires des États-Unis en Europe. Il fut profondément marqué par cette expérience de guerre, surtout par la découverte du camp de concentration de Dachau, qu'il n'a jamais pu oublier.

Le 22 juin 1960, René Lévesque est élu dans la circonscription de Montréal-Laurier, sous la bannière du Parti libéral du Québec dirigé par Jean Lesage. Sa plus grande réalisation à titre de ministre a été la nationalisation de l'hydroélectricité, enjeu de la campagne électorale de 1962 (Maîtres chez nous) qui reporte au pouvoir le gouvernement libéral de Jean Lesage.

En janvier 1968, il a publié *Option Québec*, qui a été à l'origine de la formation politique qu'il a créée quelques mois plus tard sous le nom de « Parti Québécois ». Le 15 novembre 1976, le Parti Québécois a remporté les élections avec 41,4 % des suffrages. René Lévesque a instauré de grandes réformes, dont la Loi sur le financement des partis politiques et la Charte de la langue française. René Lévesque a été un homme de cœur très influent et un homme du peuple.

Michèle Audette[5]

Née à Terre-Neuve-et-Labrador d'une mère innue et d'un père québécois, elle compte parmi les militants qui ont mené une véritable croisade pour qu'une enquête nationale soit ouverte sur les 1 200 femmes des Premières Nations disparues ou assassinées au cours des 30 dernières années. En août 2016, la persévérance de l'ancienne présidente de l'Association des femmes autochtones du Canada a été récompensée puisqu'elle a

5. [http://www.ellequebec.com/societe/reportages/galeriemedia/30-personnalites-feminines-quebecoises-qui-nous-inspirent].

été nommée l'une des cinq commissaires devant faire la lumière sur ce fléau trop longtemps passé sous silence.

Anaïs Barbeau-Lavalette

Forte d'avoir signé l'un des romans les plus marquants de l'année 2015, *La femme qui fuit* (Grand Prix du livre de Montréal, Prix des libraires, Prix France-Québec, etc.), l'écrivaine, cinéaste, dramaturge et maman de trois jeunes enfants a eu le temps – et l'empathie – de venir en aide aux réfugiés syriens. Après avoir été sensibilisée à cette cause grâce à son rôle de porte-parole de l'événement World Press Photo, elle a décidé, en collaboration avec le photographe Guillaume Simoneau, de monter sa propre exposition relativement aux familles syriennes refugiées à Montréal. Qui plus est, elle et les siens se sont même engagés à parrainer neuf nouveaux arrivants syriens : deux parents et sept enfants ! Pas étonnant qu'elle ait remporté, avec son amoureux Émile Proulx-Cloutier, la médaille de l'Assemblée nationale pour son implication sociale exceptionnelle.

Lieutenant-général Roméo Dallaire[6]

Roméo Dallaire est l'instigateur de l'Initiative Enfants soldats de la Fondation Roméo Dallaire, un partenariat mondial dont la mission est de mettre fin au recrutement et à l'utilisation d'enfants soldats. Célèbre défenseur des droits de la personne, particulièrement en ce qui concerne les enfants soldats, les anciens combattants et la prévention des atrocités de masse, le général est un conseiller respecté auprès du gouvernement, en plus d'être un conseiller de l'ONU et un ancien sénateur canadien.

6. [www.romeodallaire.com].

Son courage et son leadership au cours de sa mission au Rwanda lui ont valu la croix du service méritoire, la légion du mérite des États-Unis, le prix Aegis sur la prévention du génocide, en plus de l'affection et l'admiration des gens du monde entier. Son dévouement pour l'humanité, tout au cours de cette mission, a été bien documenté dans des films et des livres, y compris son propre livre, *J'ai serré la main du diable: la faillite de l'humanité au Rwanda*.

Les listes de leaders influents et de cœur qui ont fait ou qui font présentement une différence en ce monde sont longues et pourraient constituer un livre à elles seules.

Ces leaders ont tous utilisé une puissante force commune : l'amour !

Le but de cet exercice (celui de dresser des listes de leaders du cœur) est que nous puissions tous devenir conscients que ce style de leadership – le leadership de cœur – a toujours existé et existera toujours. La différence est que celui-ci prendra de plus en plus d'expansion et de puissance dans les années à venir, car l'humanité ne tolérera plus le manque d'amour et de respect, ni l'irresponsabilité de leaders dictateurs et égocentriques, centrés sur leur propre gloire et leur soif de pouvoir.

Vous n'avez qu'à regarder les actualités mondiales pour voir que plusieurs peuples commencent à s'exprimer, malgré la peur, en choisissant de se tenir debout pour un monde meilleur, un monde de liberté, un monde de respect envers les droits et libertés de tous les hommes, femmes et enfants, ainsi que pour la protection de l'environnement et de notre planète, et ce, afin d'assurer une meilleure vie aux enfants et petits-enfants, ainsi qu'à toutes les générations à venir.

CHAPITRE 2

L'ego ou le cœur?

Être à l'écoute du cœur

Afin que notre leadership s'exprime en passant par la sagesse du cœur, cela nous demande d'être à notre écoute.

Lorsque je travaille avec des gestionnaires et que nous faisons le tour de leurs valeurs fondamentales, une révélation s'opère toujours en eux : ils sont surpris d'admettre de n'y avoir jamais vraiment pensé.

Ils réalisent rapidement à quel point ils sont déconnectés, non seulement de leurs valeurs fondamentales, mais de leur ressenti, ayant été programmés par une société qui leur a dicté qu'il n'y a pas de place dans le monde des affaires pour les émotions et le cœur ! Assez ridicule, car les émotions font partie de notre expérience humaine et consistent en des systèmes d'alarme pour nous faire réaliser que nous faisons de bons et de mauvais choix, pour nous-mêmes, pour notre vie, mais aussi pour la qualité de vie des autres. Il est impossible de faire de mauvais choix, qui ne sont pas alignés sur la volonté de notre cœur, et de nous sentir bien, tout comme il est impossible de faire des bons choix, alignés sur le cœur, et de nous sentir mal ! Mais cela demande d'être présents en tout temps à notre ressenti, par lequel notre intuition et notre cœur communiquent avec nous.

Malheureusement, beaucoup de leaders ont choisi, afin de s'accrocher à leur poste, de sacrifier quelques-unes de leurs valeurs fondamentales et de se déconnecter complètement de leur cœur et de leur intuition, cette petite voix intérieure qui « inspire » et « guide » vers les bonnes décisions.

Cela les propulse dans de basses vibrations, là où la peur devient le maître et mène leurs choix, là où l'ego, par le mental, domine et prend le contrôle, entraînant des choix dysfonctionnels et pas nécessairement bons pour leur peuple, leurs équipes, leurs employés ou leurs enfants. C'est certain qu'à moyen ou long terme, les résultats médiocres refléteront ce manque de sagesse dans leurs choix, car ceux-ci n'avaient pas pour objectif premier le bien-être de tous, mais seulement leurs objectifs personnels, souvent motivés par la peur, telle la peur de perdre leur emploi, telle la peur de ternir leur image personnelle de dirigeants.

Respecter nos valeurs et nos convictions demande beaucoup de courage. Mais, lorsque nous le faisons, cela génère toujours des résultats puissants. Je me souviens d'avoir fait face à mes valeurs lors d'une problématique qui avait été causée par notre division de production lors du lancement majeur d'un nouveau produit pharmaceutique sur le marché de l'Amérique latine. Nous allions être sérieusement en retard à cause de la livraison des sachets nécessaires à ce lancement. C'était un gros client qui contribuait grandement au chiffre d'affaires de notre compagnie.

Lors d'une conférence téléphonique, le président et le directeur des opérations m'ont gentiment demandé de mentir à mon client. Je me souviendrai toujours de ce moment, et de mon silence qui dura au moins une bonne minute. Le silence fut tellement long pour eux qu'ils m'ont demandé si j'étais toujours là ! Après ce silence, durant lequel j'avais clairement pu entendre ma voix intérieure, la sagesse de mon cœur, j'ai choisi de respecter mes valeurs fondamentales d'honnêteté, d'intégrité et d'engagement.

Je leur expliquai alors qu'il n'était pas question que je mente à mon client, que nous devions nous entendre sur une autre approche et que, de toute façon, tout mensonge finit toujours par se savoir. Et que le jour où cela viendrait à ses oreilles, nous perdrions non seulement un gros client, mais une grande source de revenus et, par-dessus tout, notre réputation dans le domaine.

Puis, ce fut à leur tour de garder silence passablement longtemps. Le président m'a finalement répondu que j'avais raison, que notre meilleure option était la vérité, et qu'il serait préférable de travailler avec notre client pour trouver une solution qui conviendrait à toutes les parties impliquées.

Le résultat à la suite de la réunion conférence avec ce gros client fut très puissant et positif; le client nous est venu en aide, et nous avons mis en place une solution qui fonctionnait pour les deux parties. En plus, nous avions gagné le respect et la confiance de ce client, qui est demeuré avec nous pendant plusieurs années par la suite. Le choix que j'avais fait, de respecter mes valeurs, m'a aussi valu le respect de la part du président et du directeur des opérations, car ils savaient qu'ils pouvaient aussi avoir confiance en moi en tant que leader, que je serais honnête et intègre dans toutes mes transactions d'affaires.

J'ai vu trop de gestionnaires déchirés entre leurs valeurs et le leadership dysfonctionnel omniprésent de leur entreprise. Lorsque nous travaillons sur leurs valeurs fondamentales, ils réalisent rapidement que le« coût » est beaucoup trop élevé et qu'elles ne doivent pas être sacrifiées pour un poste, un salaire ou une promotion. Nos valeurs sont non négociables, même si cela demande souvent d'avoir des conversations féroces et courageuses afin de les faire respecter. Mais les retombées sont nombreuses et en valent toujours la joie.

Lorsque nous respectons qui nous sommes, incluant nos valeurs fondamentales, les résultats sont assurément positifs.

Lorsque nous nous respectons et que nous nous choisissons, incluant nos valeurs, nous nous alignons sur notre cœur, nous collaborons avec notre source intérieure qui orchestre toutes les possibilités. Elle guide tous nos choix, nos pensées, nos paroles et nos actions. Mais, afin de bénéficier de tout cela, il faut avant tout être à son écoute et entendre ses messages qui passent par notre cœur, et non par notre mental.

J'ai fait des choix importants par le passé qui n'avaient aucun sens logique, comme démissionner d'un emploi qui n'était pas aligné sur mes valeurs, même si j'avais trois enfants à la maison, et mon salaire représentait le gagne-pain principal de la famille. Je n'avais pas d'emploi devant moi, alors que l'économie était grandement au ralenti et le taux de chômage, élevé. Malgré tous ces obstacles, et grâce à la guidance de mon cœur et au respect de mes valeurs, je me suis ensuite retrouvée devant cinq offres d'emploi. Je n'ai pas manqué une seule semaine de salaire durant la période où se sont déroulées les entrevues et que j'ai fait mon choix. En fait, j'ai travaillé 12 ans auprès de l'entreprise que j'ai alors choisie.

Voici un autre très bel exemple qui parle d'un leader qui n'a pas fait des choix inspirés par son cœur. Ils étaient plutôt dictés par son ego. En fait, c'est l'histoire du propriétaire et directeur général de la nouvelle entreprise pour laquelle j'ai eu le grand plaisir de travailler pendant 12 années en tant que gestionnaire des ventes. Toutefois, pour respecter leur anonymat, j'utiliserai des noms fictifs.

Le fils du propriétaire et directeur général de cette entreprise, «Thomas», gérait le service de production à partir de son ego. Cette entreprise est un sous-traitant manufacturier fort réputé auprès des marchés cosmétiques et pharmaceutiques. Son père, «Gilles», avait bâti une entreprise très prospère à partir de rien. Gilles était un ancien alcoolique qui s'en était sorti et qui avait repris sa vie en main. J'avais beaucoup de respect pour cet homme avec qui j'aimais beaucoup travailler.

Gilles était un leader de cœur. Il était aimé et respecté de tous les employés de l'entreprise, dont plusieurs ont occupé leur emploi durant de très longues années. Lorsqu'il se déplaçait dans l'usine, il s'arrêtait toujours pour jaser avec les employés sur les lignes de production. Il saluait tous les anciens employés par leurs prénoms, leur demandait des nouvelles de leurs enfants, de leurs familles. Lorsqu'il voyait de nouveaux employés dans l'usine, il prenait le temps de se présenter afin de les connaître et, lorsqu'il les recroisait, il pouvait alors les saluer par leur prénom. En 2003, la compagnie comptait 150 employés. La plupart des membres de l'équipe étaient avec l'organisation depuis au moins 10 ans. Un élément clé de la vivacité et de la prospérité de son entreprise était son style de gestion, humain et respectueux. Il a aussi eu la brillante idée d'embaucher Benoît, un jeune directeur du contrôle de la qualité qui, au fil du temps, est devenu président de l'entreprise. En fait, il a utilisé Benoît comme tampon, un filtre entre lui et son propre fils, Thomas, afin de s'assurer que son entreprise serait gérée sainement. Naturellement, Benoît était, lui aussi, un homme de cœur partageant les mêmes valeurs que Gilles. Il a d'ailleurs travaillé pour cette entreprise jusqu'à ce qu'elle soit vendue, donc au-delà de 40 ans.

Thomas devait rendre des comptes à Benoît, dont j'admirais la patience, la tolérance et la persévérance, car Thomas cherchait régulièrement à saboter le succès de l'entreprise et faisait tout en son possible pour causer des situations désagréables avec l'équipe des ventes ainsi qu'avec la clientèle, qu'il aimait parfois prendre en otage. Gilles et Benoît étaient très appréciés par toute la clientèle et tous les employés. Le succès de cette entreprise et sa réputation dans le domaine étaient véritablement un reflet du leadership de cœur de ces deux individus qui occupaient des postes clés.

Les clients malhonnêtes, qui ne partageaient pas les mêmes valeurs que la culture de l'entreprise, n'y sont pas demeurés longtemps. Il va sans dire aussi que les clients qui adhéraient à la culture et aux valeurs de l'entreprise y étaient depuis longtemps et étaient traités comme de bons partenaires d'affaires.

Travailler avec Thomas, le fils de Gilles, demandait beaucoup d'énergie, non seulement de la part du président, mais aussi de toute l'équipe des ventes. Son attitude et son comportement destructeur, découlant d'une gestion faite à partir de son ego, généraient beaucoup de situations stressantes et inutiles pour les représentants commerciaux et toute l'équipe de direction. Mais notre synergie et notre engagement envers les clients, employés et collègues étaient tellement forts que Thomas se butait continuellement à un mur de béton. Par contre, la réputation de Thomas était bien connue dans l'industrie, surtout parce que les fournisseurs n'aimaient pas du tout faire des affaires avec lui. Étant sur la ligne de front sur le plan des achats de composantes, car il était responsable de la production, son père, Gilles, a dû intervenir souvent pour maintenir des relations harmonieuses avec nos fidèles fournisseurs.

La grande déception est arrivée lorsque Gilles, sachant qu'il ne pouvait léguer la compagnie à son fils Thomas, a décidé de la vendre. Malheureusement, il a bifurqué de ses valeurs et de son cœur, car il a choisi l'argent, le plus gros montant possible pour l'entreprise, au lieu de trouver le meilleur acheteur possible afin d'ainsi protéger ses employés de longue date qui avaient bâti l'entreprise avec lui et qui avaient grandement contribué à son succès grâce à leurs engagements, expertises et compétences.

Benoît, le président en place à ce moment, ainsi que deux des anciens employés qui étaient des piliers et génies sur le plan de la production et des opérations, lui ont fait une offre pour devenir actionnaires de l'entreprise. Cette proposition était accompagnée d'un montant juste qui lui aurait aussi permis de demeurer directeur général aussi longtemps qu'il le désirait. Par contre, cette offre stipulait que son fils Thomas devait démissionner, constituant en fait la seule condition que ces trois employés lui imposaient.

En plus, une autre entreprise familiale – notre fournisseur à l'époque sur le plan des composantes imprimées depuis plus de 30 années –, qui partageait les mêmes valeurs et qui avait une culture très similaire à la nôtre, lui a aussi fait une offre très équitable. Mais Gilles demandait beaucoup trop d'argent comparativement à la valeur réelle de la compagnie, somme qui représentait déjà un montant fort appréciable.

Il a suivi son mental et non son cœur, puis une offre très alléchante en provenance d'une société américaine l'a fait flancher. Au lieu de choisir le meilleur acheteur pour le bien-être éventuel de ses employés, de sa clientèle et de ses fournisseurs fiables, il a sacrifié tout cela pour obtenir le plus gros montant d'argent possible. Son ego a gagné la partie. Il est alors devenu multimillionnaire, oubliant tous ceux qui lui avaient permis de bâtir une entreprise aussi rentable et qui l'avaient littéralement aidé à en faire un grand succès. Le résultat a été très décevant.

Premièrement, son fils Thomas ne faisait pas partie de l'acte de vente. La société américaine est donc devenue propriétaire et s'est immédiatement débarrassée de lui. Gilles, l'ancien directeur général, qui devait pourtant demeurer à son poste pour un an, s'est fait montrer la porte après seulement six mois. Aussi, durant les trois années qui ont suivi, beaucoup d'employés de très longue date – et je m'inclus – ont démissionné de l'entreprise, ne pouvant plus y travailler à cause d'une atmosphère devenue très malsaine et dysfonctionnelle. En fait, tout était dorénavant axé uniquement sur les profits, sans aucune considération pour les employés et les clients.

Il était bien connu que les nouveaux propriétaires payaient beaucoup trop cher pour les entreprises qu'ils achetaient, car ils ne comprenaient pas l'industrie de l'emballage, étant tous des financiers et des comptables qui géraient uniquement des chiffres et non des êtres humains. Et le fait que les employés clés avaient démissioné de l'entreprise a entraîné une dégringolade vertigineuse du chiffre d'affaires. Conséquemment, les nouveaux propriétaires ont revendu l'entreprise pour une bouchée de pain. C'est cette compagnie familiale, fournisseur de longue date, qui avait tenté d'acheter l'entreprise directement de Gilles, qui a finalement acquis la compagnie, et ce, pour un montant beaucoup moins élevé que celui de son offre initiale. C'est triste, car si Gilles avait suivi son cœur, je suis persuadée qu'il aurait vendu des actions importantes aux trois personnes clés et piliers de l'entreprise initiale et que les employés fidèles seraient demeurés avec l'organisation encore bien longtemps.

L'impact de ce choix fait sous l'emprise de son ego ne se termine pas là. Gilles, l'ancien propriétaire, est décédé environ deux ans après avoir vendu son entreprise. Avant de mourir, il avait perdu le respect et l'amitié des trois employés clés et piliers de son entreprise, à qui il avait donné des miettes au moment de la vente. Son fils Thomas a ensuite mis sur pied un camp de pêche sélect avec l'argent que son père lui avait légué, ce qui a été un échec sur toute la ligne, car, bien sûr, il a géré cette nouvelle entreprise comme toujours, à partir de son ego et avec toute son arrogance. Il a fait faillite en moins de trois ans et a perdu tout l'argent qu'il avait hérité de son père.

Le coût associé au choix de Gilles, l'ancien propriétaire et directeur général, a été énorme, puisqu'il est décédé des suites d'un infarctus.

Ce ne sont que quelques exemples parmi tant d'autres. Aucun leader ne gagne, à long terme, s'il ne réussit pas à trouver l'équilibre entre son cœur et son mental.

Il est temps que tous les leaders se réveillent et prennent leur responsabilité quant au rôle important qu'ils ont choisi de jouer, que ce soit par rapport à un peuple, à la société, à une équipe, ou même à leur propre famille en tant que parents. Tous les leaders peuvent transformer le monde dans lequel nous vivons, tout simplement en s'alignant sur leur cœur. Agir d'abord avec son cœur aura un impact sur tous les cœurs environnants, lesquels s'ouvriront à leur tour et deviendront des sources dirigeantes à travers le monde entier, un monde qui sera enfin transformé par ce nouveau style de leadership.

Un nouveau paradis et une nouvelle terre

> *La conscience humaine collective et la vie sur notre planète sont intrinsèquement liées. Le nouveau paradis, c'est l'avènement d'un état de conscience humaine transformée, la nouvelle terre en étant le reflet dans le monde physique.*
>
> – ECKHART TOLLE, AUTEUR DE Nouvelle Terre[7]

Vous voulez la paix ? Tout le monde la souhaite. Sentez-vous que quelque chose en vous préfère avoir raison plutôt qu'être en paix ?

Tout ce qu'il faut pour se libérer de l'ego, c'est en devenir conscient, puisque l'ego et la conscience du cœur sont deux choses incompatibles. Seule la *présence* peut vous libérer de l'ego, et vous pouvez uniquement être présent maintenant…

7. Eckhart Tolle, *Nouvelle Terre,* Ariane, 2005.

pas hier, pas demain, pas dans un mois ! Seule la *présence* peut défaire le passé en vous, et ainsi transformer votre état de conscience.

L'Être, c'est le moi vrai et profond. Puis-je sentir mon identité essentielle comme étant la conscience elle-même ? Ou est-ce que je me perds dans les événements, le mental, le monde ?

Moment de réflexion

Quelles sont mes valeurs fondamentales?

(Par exemple, l'honnêteté, le respect, l'engagement, la générosité.)

Lesquelles de ces valeurs ne sont pas respectées dans ma situation?

(Par exemple, l'honnêteté, le respect de moi-même et de mon équipe.)

Quel est l'impact dans ma vie, dans mon travail, dans ma vie familiale, dans la gestion de mon bien-être, de ne pas avoir choisi de respecter ces valeurs fondamentales?

(Par exemple, je me sens malheureux, triste, stressé et pas respecté par certains membres de mon équipe; je me rends compte que je ne me respecte pas moi-même en sacrifiant ces valeurs.)

Comment puis-je honorer et respecter ces valeurs maintenant ? Quels bienfaits pourrais-je obtenir en respectant ces valeurs et en honorant ce que mon cœur veut vraiment dans ma situation ?

(Par exemple, en ayant des conversations transparentes, respectueuses et honnêtes avec mes coéquipiers, en me respectant moi-même, en ne tolérant plus le manque de respect de la part de mon patron; en ne mentant plus à mes coéquipiers dans le but d'appuyer des décisions de l'entreprise avec lesquelles je ne suis vraiment pas d'accord.)

Quelles émotions remontent en ce moment juste au fait de penser à rétablir mes valeurs dans ma vie et dans ma situation ?

(Par exemple, je me sens en paix, je me sens plus puissant, plus libre, plus léger.)

Quelles actions spécifiques est-ce que je m'engage à faire afin de rétablir ces valeurs dans ma vie et dans ma situation?

(Par exemple, je vais avoir de bonnes conversations avec certains membres de mon équipe à qui j'ai manqué de respect afin de reconnaître mes torts; je vais avoir des conversations plus

honnêtes avec mon patron, durant lesquelles je vais affirmer mes valeurs en laissant parler mon cœur plutôt que mes peurs.)

Les dégâts causés par l'ego et l'oubli de l'être

L'ego s'identifie toujours à la forme,
faisant ainsi en sorte que vous vous cherchez
et vous vous perdez dans une forme ou une autre.

Lorsque chaque pensée absorbe toute votre attention,
lorsque vous êtes tellement identifié à cette voix,
et aux émotions qui l'accompagnent que vous vous perdez
dans chaque pensée et dans chaque émotion,
dites-vous que vous êtes totalement identifié à la forme et,
par conséquent, sous l'emprise de l'ego.

— ECKHART TOLLE, AUTEUR DE Nouvelle Terre[8]

Combien de fois, en tant que coach de gestion, j'ai reçu des demandes d'aide concernant des dossiers de plaintes de harcèlement psychologique exercé par des gestionnaires qui étaient sous l'emprise de l'ego. Naturellement, ils ne s'en rendaient pas compte eux-mêmes. Selon eux, ils avaient toujours raison, et non pas les victimes ayant subi l'impact de leurs choix, paroles et gestes négatifs en tant que leaders. Par contre, leurs comportements néfastes et très destructeurs avaient un impact direct et important dans la vie de leurs victimes.

8. Eckhart Tolle, *Nouvelle Terre,* Ariane, 2005.

La plupart de ces gestionnaires n'en étaient pas vraiment conscients, jusqu'à ce qu'ils entreprennent un cheminement par le coaching, bien souvent imposé par leur propre patron. Lorsqu'ils se retrouvent avec un dossier de harcèlement psychologique déposé contre eux, leur choix consiste habituellement à accepter de suivre le coaching pour obtenir de l'aide, dans l'espoir de voir une transformation positive s'opérer rapidement sur le plan de leurs comportements, ou à devoir démissionner de l'emploi qu'ils occupent dans cette entreprise.

Ces interventions leur permettent de voir et de comprendre à quel point ils ont non seulement rendu la vie misérable et difficile à certains membres de leur équipe, de leur entourage, à des collègues de travail, mais aussi de constater l'impact sur leur propre vie et leur bien-être en ayant été complètement déconnectés de leur cœur et de leurs valeurs fondamentales.

Un ego hors de contrôle peut faire de graves dégâts. Un leadership dysfonctionnel, abusif, écrasant et souvent mesquin est un exemple flagrant d'un ego en soif de pouvoir et de son besoin de contrôler les autres.

Malheureusement, ce genre de leadership est à la source de suicides, dépressions, épuisements professionnels, séparations, divorces et familles éclatées chez les victimes de ces comportements abusifs.

Que ce soit en tant que dirigeant d'un pays, président d'une entreprise, père ou mère de famille, coach de sport, ou toute autre forme de leadership, l'impact du comportement manifesté par l'ego est toujours destructeur, frisant même parfois la démence.

Tous les comportements de harcèlement sexuel, dont nous entendons parler de plus en plus dans les médias, sont des exemples d'abus de pouvoir et du besoin de domination venant de l'ego. Les impacts sont tellement dévastateurs pour les victimes, car celles-ci ne seront plus jamais les mêmes. Les cicatrices dont ces personnes souffrent demeureront apparentes durant toute leur vie. Certes, beaucoup pourront poursuivre leur vie, mais jamais ces personnes n'oublieront les sévices qui leur furent infligés par leur bourreau. Lorsqu'une personne en position d'autorité exerce un leadership de cœur, ce type de comportements est inconcevable, car le cœur l'inspire à vouloir prendre soin et même à protéger ses collègues, ses coéquipiers, ses enfants, et même tout un peuple.

J'ai vécu une telle situation, tôt dans ma carrière de coach, avec un gestionnaire que je n'oublierai jamais et qui m'a marquée pour la vie. J'ai alors vraiment pu visualiser un être vivant un combat intérieur entre son cœur (son âme) et son ego qui, jusque-là, avait eu une très grande emprise sur lui.

Cet individu, à qui je vais donner le prénom fictif d'« Henri », avait dans le passé travaillé en tant que consultant auprès de diverses entreprises. Il avait eu beaucoup de succès dans ce rôle, qui consistait à restructurer des entreprises en difficulté. Dans le temps, Henri faisait ce qu'il aimait vraiment, à savoir passer le gros balai et faire le ménage dans les structures d'entreprises, notamment couper des postes pour rendre les compagnies plus profitables.

Henri a agi de cette façon en Europe, en Asie et un peu partout à travers le monde. Il a eu beaucoup de succès et a réussi à se forger une très bonne réputation dans ce genre de rôle.

Un jour, Henri s'est associé avec un ancien collègue, « Richard » (nom fictif), et ensemble, ils ont acheté une entreprise de publicité, domaine dans lequel ni l'un ni l'autre n'avait d'expérience. Cette compagnie était merveilleusement bien établie au Québec depuis longtemps. Elle avait une clientèle et un chiffre d'affaires très intéressants en plus de compter parmi ses clients de très importantes entreprises canadiennes.

Henri et Richard ont donc pris en main cette entreprise, ainsi que tous ses employés, dont certains travaillaient depuis plusieurs années, notamment le vice-président aux ventes, « Pierre » (nom fictif), qui, à lui seul, générait 70 % du chiffre d'affaires de l'entreprise.

Henri est donc devenu le président de l'entreprise et Richard, l'associé silencieux. En fait, Richard était tout simplement actionnaire à égalité de parts et consultant pour Henri, car il avait également une autre entreprise qu'il gérait depuis fort longtemps. Avec le temps, Richard est devenu quelqu'un de très respecté par tous les employés, surtout par Pierre, le vice-président aux ventes, avec qui il avait su bâtir une très bonne relation. Pierre était un gestionnaire de cœur, honnête, respectueux et engagé envers le bien-être des employés, des clients et de la compagnie.

Par contre, le président de l'entreprise, Henri, n'a pas tardé à faire des siennes. Étant un gestionnaire inspiré par son ego, et même s'il ne connaissait rien dans ce tout nouveau domaine, aucun employé d'expérience ne pouvait, selon lui, réellement contribuer à faire fructifier l'entreprise. Il devait à tout prix avoir toujours raison, contrairement au vice-président aux ventes, Pierre, qui avait un respect pour tous ses clients et coéquipiers.

Henri est rapidement devenu jaloux de Pierre, car tous le respectaient et croyaient en lui. Henri a donc décidé de rendre la vie difficile non seulement à Pierre, mais à tous ceux qui étaient près de lui et qui l'épaulaient.

Son comportement mesquin et dictatorial a entraîné la perte de plusieurs bons employés d'expérience, qui se sont trouvé un nouvel emploi auprès de leur plus important compétiteur. De plus, l'entreprise a perdu plusieurs gros clients parce qu'Henri leur avait littéralement manqué de respect et d'appréciation, du haut de son arrogance et de son air hautain.

Richard, qui voyait les profits et le chiffre d'affaires dégringoler de façon vertigineuse, a fait appel à mes services pour travailler avec Pierre, le vice-président aux ventes, qui menaçait à ce moment-là de démissionner de l'entreprise, ainsi qu'avec Henri, le président, qui avait un comportement jusque-là très désagréable et dévastateur. Richard espérait qu'une intervention, grâce au coaching, apaiserait les egos et rendrait possible une collaboration entre ces deux individus, car le futur et la survie de l'entreprise en dépendaient.

Après une évaluation des deux individus, ainsi que de l'équipe des ventes, j'ai entrevu une possibilité d'apporter du soutien à ces deux individus et à la compagnie afin qu'elle puisse grandir en créant une bonne synergie d'équipe, en plus de déterminer ensemble des objectifs clairs et plus motivants pour tous. Cela représentait un grand défi, mais j'y croyais vraiment. Alors, j'ai confirmé à l'associé silencieux, Richard, que c'était possible d'accomplir le tout avec du travail et de la persévérance. Cela valait la joie d'essayer, car il n'y avait rien à perdre, tout à gagner, puisque son investissement était en péril.

Après très peu de temps et de travail avec cette équipe, j'ai rapidement été témoin de la dynamique malsaine de l'ego hors de contrôle d'Henri, le président.

Pierre, le coach de l'équipe des ventes, s'est grandement transformé et a su obtenir l'engagement de tous les membres de son équipe et bâtir avec eux de superbes relations, contrairement à la méfiance qu'il récoltait parfois de leur part dans le passé.

Henri, par contre, qui participait à toutes les rencontres d'équipe, et qui recevait lui aussi du coaching individuel, avait beaucoup de difficulté à changer, car les connaissances et les outils qu'il recevait durant son programme de coaching généraient en lui un grand combat intérieur. Entre nos rencontres d'équipe, qui s'avéraient pourtant très positives et productives, il s'acharnait souvent à défaire et à discréditer tout ce qui avait été mis en place durant celles-ci.

Lorsque je rencontrais Pierre pour ses rencontres individuelles, il partageait avec moi tout ce qui s'était passé entre les séances avec l'équipe, et souvent je n'en croyais pas mes oreilles. Alors, réalisant que nous n'arriverions jamais à bon port compte tenu du sabotage continuel d'Henri, et après une longue conversation avec Richard qui avait fait appel à mes services, nous nous sommes entendus sur le fait que je ne pouvais pas poursuivre ce mandat sans «confronter», de façon professionnelle, respectueuse, mais affirmative et directe, le président et ses comportements impulsifs et négatifs.

Juste avant qu'on me confirme ma rencontre avec Henri, j'ai reçu un appel de Pierre, qui m'a fait part d'une situation qui venait de se passer. Il était dévasté et avait pris la ferme décision de démissionner. Il a partagé avec moi qu'il avait donné sa démission à Richard, mais que ce dernier lui avait demandé d'attendre un peu puisqu'une rencontre qui, l'espérait-il, transformerait la situation, était sur le point d'avoir lieu avec Henri.

Par contre, ce qu'il m'a dit m'a beaucoup bouleversée, et j'ai réalisé qu'Henri avait besoin de beaucoup plus que de coaching, ayant fait preuve d'un «débalancement» psychologique profond ! En fait, Pierre m'a confié qu'Henri venait de faire une crise dans son bureau et avait défoncé un mur avec son poing, pour ensuite se rendre dans le stationnement de l'entreprise, où il a été aperçu dans une position accroupie (en petit bonhomme) en train de crier et de pleurer comme un enfant !

La plupart des employés ont été témoins de ce comportement complètement dysfonctionnel ! Inutile de dire que tous étaient inquiets. J'ai donc immédiatement donné le conseil à Richard qu'Henri soit vu par un médecin le plus rapidement possible afin d'évaluer son état physique et psychologique. Par contre, ma rencontre avec Henri était déjà confirmée, et je m'étais engagée à avoir une conversation avec lui, car cela faisait plusieurs mois qu'il était en coaching avec moi et qu'il avait commencé à s'ouvrir et à me dévoiler des choses très intimes. Il avait quand même fait certains pas dans la bonne direction. Il avait évalué avec honnêteté certains de ses comportements et limitations, et j'avais réussi à gagner sa confiance. Il appréciait nos conversations, quoique même si de mon côté j'avoue que je sortais souvent un peu vidée de nos rencontres.

Alors, notre rencontre a eu lieu ; nous avons discuté ensemble pendant trois heures. Et à cette occasion, j'ai été témoin d'un spectacle que je ne suis pas prête d'oublier. En fait, tout au long de notre conversation, je suis demeurée dans l'amour et la compassion, dans le cœur et le non-jugement, m'étant promise au préalable de lui offrir un espace où il n'y a ni mal ni bien, où il y a uniquement ce qui est. Aucun jugement n'a donc été porté envers quoi que ce soit, dans cet espace vierge, libre de tout, complètement vide et sans signification.

Je lui ai demandé avec beaucoup d'amour et de compassion ce qui avait déclenché cette situation de désespoir qu'il avait vécu récemment. Et voilà qu'au moment où il a commencé à me raconter la situation, j'ai vu ses yeux et tous les traits de son visage se transformer continuellement devant moi.

Il s'est littéralement transformé physiquement sous mes yeux ! J'étais tellement enracinée dans un espace d'amour et de compassion que je ne ressentais aucune peur. Parfois, ses yeux et tout son visage s'apparentaient à ceux d'un rapace, et dans les secondes suivantes, ses yeux redevenaient doux et se remplissaient de larmes. Ce va-et-vient dans son visage était vraiment impressionnant et reflétait le combat intérieur entre le cœur et l'ego !

Mon écoute durant cette conversation, dans un espace de non-jugement, d'amour et de compassion, lui a offert un espace lui permettant de s'exprimer aisément et de m'expliquer son combat intérieur. Cet entretien a duré jusqu'à ce que, finalement, le cœur prenne toute la place et qu'il se mette à pleurer de soulagement, comme un enfant. Il m'a alors avoué que son père les avait abandonnés, lui et sa mère, lorsqu'il était très jeune, et qu'ils avaient vécu en Europe dans une quasi-pauvreté. Son père ne les avait pas soutenus du tout financièrement, même s'il venait d'une famille qui avait beaucoup d'argent.

Mon client a ajouté qu'il avait dû travailler pour payer ses propres études d'ingénieur. Par la suite, son père, qui ne rajeunissait pas, l'a approché pour l'aider à son entreprise, car il a réalisé qu'il était sa seule relève. C'est alors qu'il a accepté son offre en prenant bien soin de cacher ses intentions. Ainsi, avec le temps, il a réussi à gagner la confiance de son père, puis à prendre en charge la compagnie. Son père s'est alors retiré partiellement pour laisser son fils prendre la relève. Et lorsqu'Henri a enfin réussi à être entièrement responsable de la compagnie, il s'est assuré de saboter l'entreprise de son père, en lui faisant faire carrément faillite. Il a détruit tout ce que son père avait bâti durant autant d'années. Le mal avait été fait. Il était donc trop tard pour que son père puisse sauver son entreprise.

Il m'a raconté tout cela avec grande fierté ! Vengeance obtenue, oui, mais à quel prix ? Grâce à notre longue conversation, il a réalisé qu'il était maintenant en train de saboter sa propre entreprise à cause de son comportement destructeur. Il n'entretenait pas non plus de bonnes relations avec sa mère, ni avec qui que ce soit. Il n'avait aucune empathie ou compassion pour qui que ce soit. Sa conjointe, qui était beaucoup plus jeune que lui, en avait littéralement peur. Leur relation n'étant pas issue du cœur, ni l'un ni l'autre ne pouvait s'y épanouir.

Il a accepté d'aller chercher de l'aide, car il était vraiment malheureux dans tous les aspects de sa vie. Lorsque son cœur, tout son être et sa conscience ont pu prendre leur place respective à l'intérieur de lui, il a pu distinguer qu'il n'était pas son comportement, que ce comportement venait de quelque chose à l'intérieur de lui qui prenait le contrôle à son insu et lui faisait dire et faire des choses dont il n'était pas fier du tout.

Ces types de comportements sont de parfaits exemples de l'emprise de l'ego sur l'être humain.

J'ai su par la suite qu'il avait fermé sa compagnie et était retourné en Asie, à titre de consultant. Je n'ai plus eu de ses nouvelles depuis.

Par contre, il me fit vraiment voir la laideur de l'ego, littéralement physiquement. Aujourd'hui, lorsque je partage cela ou que j'y pense, j'en ai encore des frissons! Mais cela m'a apporté beaucoup, tout spécialement lorsque je fais face à des leaders avec des problèmes de comportement. Dans de telles situations, je parviens maintenant à ne plus voir leurs comportements, car grâce à l'amour, combiné avec la création d'un espace libre de jugement, je retrouve plutôt la lumière du cœur à l'intérieur de chacun d'eux. Je me rends alors compte qu'en créant un espace à l'intérieur duquel ils se sentent à l'aise de s'exprimer, cela leur permet de découvrir cette belle présence, cette lumière, qui habite en eux. Ils peuvent alors voir qu'ils ne sont pas du tout cette machine qui cherche à avoir une emprise sur eux. Ils réalisent qu'ils peuvent faire des choix bien différents, provenant de leur cœur, issus de l'amour, et surtout par respect d'eux et des autres.

Nous sommes tous témoins, un jour ou l'autre, de résultats découlant d'un leadership néfaste inspiré par l'ego dans notre monde. Prenons conscience que cela est négatif et destructeur, et ne peut que générer de la souffrance, de la violence, de la pauvreté, et des guerres dont nous, en tant qu'humanité, avons tous souffert durant toute notre histoire.

Le terrorisme, la récente campagne électorale américaine, ainsi que la corruption à l'intérieur des gouvernements, sont tous des résultats de leadership d'ego et ne peuvent que manifester des situations négatives qui n'ont rien à voir avec le bien-être de tout un chacun. En revanche, nous sommes maintenant rendus dans une nouvelle ère, celle de l'ouverture du cœur et de l'ascension planétaire, et rien ne peut désormais demeurer caché ou secret. Tout est maintenant soumis à la lumière provenant de notre source de vie. Comme dans la nature, lorsque la lumière éclaire des zones obscures et sombres, beaucoup de vermine sort d'en dessous des rochers, de cet endroit où elle se cachait depuis parfois très longtemps.

Chapitre 3

Le côté sombre du leadership

Nous percevons souvent le leadership comme l'un des éléments qui permettent d'améliorer l'efficacité d'une équipe. Cependant, c'est oublier son côté sombre...

– Malcom Higgs[9]

Pour passer du leadership inspiré de l'ego à celui du cœur, nous devons éveiller notre conscience au jeu de la manipulation.

Alors, comment faire la part des choses?

Il faut faire les distinctions suivantes:

- Créer des alliances avec des personnes clés de l'organisation;

  ou

- Utiliser des techniques de persuasion malhonnêtes;

9. Malcom Higgs, *Le côté obscur du leadership,* Les Affaires.com.

- Persuader de façon subtile et habile en se mettant en valeur humblement et de manière intègre ;

ou

- Manipuler les gens et les informations ;

- Se permettre d'avoir une vision globale de toute situation ;

ou

- Contrôler l'information à son avantage.

Comment identifier les manipulateurs qui sont sous l'emprise de l'ego?

Peu importe que ce soit dans votre milieu de travail, à la maison, dans votre vie sociale ou ailleurs, vous aurez toujours des gens qui vous « donneront du fil à retordre ». Il est important de bien comprendre qu'ils ne sont pas intrinsèquement « méchants ». Il s'agit tout simplement de mécanismes (de défense la plupart du temps) qu'ils ont développés avec le temps, sous l'influence de l'ego. Vous aurez à « jongler » avec ces « manipulateurs » avant qu'ils ne détériorent votre équipe, votre famille, vos communautés… ou même votre enthousiasme et votre joie de vivre !

Voici les caractéristiques du manipulateur typique[10], telles que l'auteure Isabelle Nazare-Aga les décrit dans son excellent livre, *Les manipulateurs sont parmi nous*:

- Il culpabilise les autres au nom du lien familial, de l'amitié, de l'amour, de la conscience professionnelle ;

10. Isabelle Nazare-Aga, *Les manipulateurs sont parmi nous,* Les éditions de l'Homme, 1997.

- Il reporte sa responsabilité sur les autres, ou se démet des siennes ;
- Il ne communique pas clairement ses demandes, ses besoins, ses sentiments et ses opinions, et répond très souvent de façon floue ;
- Il modifie ses opinions, ses comportements et ses sentiments selon les personnes ou les situations ;
- Il invoque des raisons logiques pour déguiser ses demandes ;
- Il fait croire aux autres qu'ils doivent être parfaits, qu'ils ne doivent jamais changer d'avis, qu'ils doivent tout savoir et répondre immédiatement aux demandes et questions ;
- Il met en doute les qualités, la compétence et la personnalité des autres ;
- Il « critique » sans en avoir l'air, « dévalorise » et juge ;
- Il fait faire ses messages par autrui ;
- Il sème la zizanie et crée la suspicion, divisant ainsi pour mieux régner ;
- Il sait prendre le rôle de la victime pour qu'on le plaigne ;
- Il ignore les demandes qui lui sont faites, même s'il dit s'en occuper ;
- Il utilise les principes moraux des autres pour assouvir ses besoins ;
- Il « menace » de façon déguisée ou utilise ouvertement le chantage ;

- Il change carrément de sujet au cours d'une conversation ;
- Il évite un entretien ou une réunion de groupe ou s'en échappe ;
- Il mise sur l'ignorance des autres et fait croire en sa supériorité ;
- Il ment ou il prêche le faux pour savoir le vrai ;
- Il est égocentrique et peut être jaloux ;
- Il ne supporte pas la critique et nie les évidences ;
- Il ne tient pas compte des droits, des besoins et des désirs des autres ;
- Il attend souvent à la dernière minute pour « ordonner » ou faire agir autrui ;
- Son discours paraît logique et cohérent, alors que ses attitudes témoignent de l'inverse ;
- Il « flatte » pour plaire, fait des cadeaux, se met soudainement aux petits soins pour nous ;
- Il produit un sentiment de malaise ou de non-liberté ;
- Il est parfaitement efficace pour atteindre ses buts, mais il le fait aux dépens des autres ;
- Il nous fait faire des choses que nous n'aurions pas faites de notre propre gré ;
- Il s'organise pour être l'objet de toutes les conversations, même lorsqu'il n'est pas présent.

Moment de réflexion

Prenez le temps de réfléchir aux comportements manipulateurs mentionnés aux pages précédentes et cochez ceux dont vous aimeriez prendre conscience afin d'éviter, à l'avenir, de les utiliser lors de vos échanges avec les autres.

Voici certains exemples d'un leadership provenant du côté sombre, dicté par l'ego :

- L'abus de pouvoir ;
- Les dommages causés aux autres ;
- L'excès de contrôle pour satisfaire ses besoins personnels ;
- Le contournement des règles pour servir ses propres intérêts ;
- L'admiration de soi-même ;
- Une ambition démesurée ;
- Une tendance à entrevoir les autres comme des prolongements de soi ;
- Une tendance à être profiteur (« j'exige le respect qui m'est dû ») ;
- Une tendance à être autoritaire (« j'aime être au centre de l'attention ») ;
- Une tendance à être arrogant (« je suis meilleur que les autres »).

Les exemples mentionnés à la page précédente sèment chez les autres, que ce soit sur le plan des pays, organisations, familles ou communautés, des malaises qui sont nourris de peur et non d'amour.

Lorsque nous glissons dans la peur, nous sommes en perte de puissance et nous croyons être à la merci des personnes, des situations ou des circonstances. La peur, une puissance qui est à l'opposé de la plus grande puissance universelle qui est l'amour, génère deux « cancers » que l'on retrouve dans notre monde :

1. **Le syndrome du blâme**
   (« je dois trouver et punir le coupable... »)

2. **Le syndrome de la victime**
   (« je suis à la merci de..., pauvre petit moi ! »)

Le syndrome du blâme

Poser des questions qui débutent avec *qui* en cherchant à blâmer les autres ne résout absolument rien !

Ces questions génèrent plutôt de la peur, détruisent toute créativité et mettent en place des murs de béton entre nos coéquipiers, les membres de notre famille ainsi que les différents peuples.

Au lieu de faire du *brainstorming* (session de remue-méninges) dans le but de travailler ensemble, de trouver des solutions et d'accomplir des choses, nous faisons du *blamestorming* (blâmer les autres) et n'accomplissons absolument rien de positif ou de constructif.

Vous êtes-vous déjà demandé qui **ils sont** ?

Ils semblent être partout !

Ils doivent être un gros groupe très puissant avec beaucoup d'influence parce qu'on parle d'**eux** continuellement !

Les avez-vous parfois pointés du doigt ?

Par exemple, avez-vous déjà dit ceci à leur sujet ?

C'est **leur** problème !

Ils doivent faire quelque chose pour résoudre ça !

C'est entièrement **leur** faute !

Ce sont **eux** qui ont tout gâché !

Ils devraient le savoir mieux que ça !

Le blâme nous retire complètement de l'équation, nous déresponsabilise, nous empêche de faire partie de la solution ou de créer des solutions ! Nous sommes tous connectés les uns aux autres et, un jour, l'humanité comprendra enfin que ce qui est fait à l'un est aussi fait à chacun.

En étant aligné sur notre cœur et l'amour, nous avons accès à l'inspiration, là où se trouve une multitude de solutions auxquelles nous n'aurions jamais pensé.

Moment de réflexion

Je vous invite à faire le petit exercice ci-dessous, très simple, mais très révélateur...

À qui le blâme ?

(Complétez chacune des phrases.)

Un pauvre professeur blâme...
Un pauvre vendeur blâme...
Un pauvre parent blâme...
Un pauvre gérant blâme...
Un pauvre employé blâme...
Un pauvre adolescent blâme...
Quelqu'un de responsable blâme ...

Je transforme mes questions qui débutent par *qui* en utilisant les mots magiques suivants, au début de chacune de mes questions : **Comment puis-je ? Que puis-je ? Comment pouvons-nous ? Que pouvons-nous ?** Ainsi, j'active automatiquement mon côté cocréateur et ma puissance proactive. Je m'extirpe de la peur, pour reprendre ma puissance et devenir responsable. Je choisis ainsi automatiquement de faire partie de la solution, et non du problème.

Le syndrome de la victime

Les questions débutant avec les mots *pourquoi moi ?* et *pourquoi nous?* sont issues de gens qui souffrent du « cancer » **PPM, PAUVRE PETIT MOI !** Je suis une victime de mon environnement et des gens qui m'entourent !

Ce ne sont pas des questions très productives, n'est-ce pas? Par contre, nous nous les posons continuellement… Nous tombons tous, à l'occasion, dans le piège du « pourquoi moi ? » ou « pourquoi nous ? ».

Encore une fois, ces réactions et comportements proviennent de la peur et non de la puissance de l'amour pour soi et pour les autres.

La solution se trouve dans les mots magiques partagés dans la section qui parle du syndrome du blâme. Il faut choisir de faire partie de la solution, et non du problème, quel que soit notre rôle.

Nous entrons maintenant dans une nouvelle ère et une nouvelle vibration globale, celle où le cœur de tout un chacun doit commencer à s'ouvrir. L'éveil des cœurs et l'élévation de la conscience sont nécessaires ; l'insatisfaction des êtres humains à l'égard des anciennes formes de leadership basées sur la peur et la dictature se manifeste en ce moment partout sur la planète.

Nous sommes tous témoins du combat actuel entre ces deux vibrations : celle provenant de la peur et celle provenant du cœur et de l'amour. Ce combat est tout simplement un reflet de nos propres combats intérieurs. Plus nous ouvrirons nos cœurs et donnerons à la conscience divine la place qui lui revient, plus nous pourrons être guidés et inspirés par celle-ci à travers nos pensées, nos choix, nos paroles et nos actions. Alors, la voix de notre ego s'affaiblira et notre mental reprendra la place qui lui revient : celle qui consiste à servir le divin en nous, et non l'inverse comme par le passé.

Je crois sincèrement que l'ancienne forme de leadership tire à sa fin ; j'en suis témoin lors de mes interventions en coaching. Chacun des leaders avec qui j'ai le grand honneur et privilège de travailler démontre son besoin de transformation, son insatisfaction envers le statu quo, son engagement à vouloir faire une différence non seulement à l'intérieur de ses équipes et de son entreprise, mais également dans sa vie personnelle.

Cela devient de plus en plus évident avec la nouvelle génération de leaders qui prend de plus en plus de place, que ce soit dans le milieu politique, social, communautaire ou familial.

Le leadership de cœur demande du courage, de la foi et une prise de conscience profonde. Ce leadership exige de passer de l'inconscience à la conscience, et ce, avec une bonne dose d'humilité.

Lorsque nous sommes prêts à accepter que chaque membre de notre équipe, famille ou autre groupe est une projection de certains comportements ayant besoin d'être regardés à l'intérieur de nous en tant que leaders, que nous sommes vraiment tous liés, et que lorsque ces comportements indésirables sont nettoyés et libérés à partir de notre intérieur, cela entraîne immanquablement une transformation à un niveau collectif, s'étendant même au monde entier. Nous devenons alors beaucoup plus conscients et responsables. En prenant le soin d'ouvrir et d'écouter notre propre cœur, nous contribuons à l'ouverture du cœur de l'humanité.

Il n'y a pas de hasard. Chaque membre de notre équipe, famille ou peuple qui attire notre attention par ses comportements dérangeants n'est pas arrivé dans notre vie par accident. Tous sont des acteurs projetant sur notre écran ce qui doit être nettoyé, purifié et libéré. Résister à cette réalité n'apporte que des projections répétitives, sous différentes formes, qui ne pourront que créer et manifester les mêmes résultats.

La souffrance est le résultat de la résistance; la liberté est le résultat de l'acceptation. Lorsque nous acceptons ce qui est, sans le juger, sans le condamner, sans lui donner une étiquette résultant de notre perception personnelle des choses, nous entrons alors dans un espace vide dans lequel nous pouvons recevoir l'inspiration visant de meilleurs choix, non seulement pour nous-mêmes, notre équipe ou notre famille, mais pour toute l'humanité.

Plus les leaders du monde élèveront leurs vibrations, vivront en pleine conscience et ouvriront leur cœur, plus nous serons tous témoins de la nouvelle énergie planétaire qui prend sa place, celle de l'ascension planétaire déjà entamée.

Le conflit des deux énergies, des deux pôles, négatifs et positifs, n'est que le reflet de notre propre résistance et de notre propre combat intérieur; cette nouvelle énergie nous demande d'ouvrir nos cœurs et d'accepter de l'intégrer dans notre propre vie.

L'acceptation et l'intégration de cette énergie exigent de l'abandon et de la foi en notre source de vie, sachant que notre cœur nous guidera tout au long de notre propre processus d'ascension et de transformation. En ne cédant pas à la peur par rapport au changement important qui est en train de se produire, en ne lui résistant pas, le tout se fera avec beaucoup moins de souffrance et d'inconfort.

Moment de réflexion

Quels comportements me nuisent en ce moment dans mon rôle de leader (gestionnaire, parent ou autre)?

Si j'abandonne mes peurs et que je cesse de résister aux choix que mon cœur m'inspire, quelles actions seraient nécessaires afin de me permettre de transformer ces comportements indésirables?

En entreprenant les actions énumérées ci-dessus, quels sont les transformations et résultats que j'anticipe?

Nous ne pouvons plus taire la lumière de notre cœur, qui prend de plus en plus sa place grâce à la conscience qui s'éveille en chacun de nous. Cette flamme divine est éternelle et ne peut s'éteindre. Notre rôle est non seulement de la laisser prendre toute la place qui lui revient à l'intérieur de nous, mais de mettre fin à notre résistance afin qu'elle puisse prendre toute son expansion le plus rapidement possible. En permettant à notre flamme intérieure de briller, nous nourrissons automatiquement les flammes intérieures de tous ceux que nous croisons sur notre route. D'ailleurs, lorsque notre lumière radieuse provenant de notre cœur s'exprime à travers nous, les âmes sont attirées automatiquement vers nous et viennent s'y réchauffer. La lumière est contagieuse et éclaire tout ce qui entre en contact avec sa présence.

Un parfait exemple de l'effet de cette lumière provient des témoignages des personnes qui en ont été les récipients lorsqu'elles se sont retrouvées en présence de l'épouse de Gandhi. L'aura de cette femme rendait agréable toute personne qui était désagréable aussitôt qu'elle se retrouvait dans son champ énergétique qui, apparemment, s'étendait à des mètres tout autour de son corps physique.

Combien de personnes ont aussi témoigné que lorsqu'elles se trouvaient près de mère Teresa et que cette dernière leur faisait une requête, il leur était impossible de lui refuser quoi que ce soit.

Jésus en est un autre grand exemple. Tous ceux qui se retrouvaient en sa présence vivaient une profonde transformation intérieure. Et, encore de nos jours, il ne laisse personne indifférent. La lumière divine et intense qui s'exprimait à travers lui a manifesté de multiples miracles, et cette lumière est encore bien vivante et active.

Il y a également d'autres grands êtres spirituels qui marchent sur la Terre maintenant et qui manifestent de merveilleux miracles tous les jours, mais, naturellement, nos médias n'en parlent pas. Souvent, les médias n'ont même pas accès à ces êtres, car ils travaillent tout doucement, en toute humilité, ne désirant pas devenir des vedettes, ce qui nourrirait leur ego.

Si chaque personne en position de leadership, quel que soit le niveau, s'engage à nourrir sa lumière intérieure, celle-ci prendra rapidement l'ampleur d'un tsunami et enveloppera rapidement l'humanité entière et toute la planète.

Nous avons tous le choix du type de leadership que nous désirons déployer et de la façon dont nous désirons contribuer à l'évolution de notre entourage et du monde entier.

CHAPITRE 4

La mobilisation par la puissance du cœur

De grands leaders de cœur ont généré de merveilleux résultats et ont ainsi transformé la qualité de vie de tout un peuple, et ce, grâce à leur engagement à suivre avec persévérance l'inspiration de la source de vie à l'intérieur d'eux.

Mahatma Gandhi en fut un très bel exemple. Il a su mobiliser et inspirer tout un peuple à le suivre afin que chacun soit traité avec justice, respect et honneur. Ce peuple s'est ainsi libéré de l'emprise britannique qui l'oppressait et l'empêchait de croître selon ses propres valeurs et culture, se libérant également d'une forme d'esclavage et de domination de l'ego collectif de ses adversaires.

À l'instant où l'esclave décide qu'il ne sera plus esclave,
ses chaînes tombent.

– Mahatma Gandhi

Nelson Mandela, a aussi été un leader de cœur persévérant qui a sacrifié plus de 20 années de sa vie et qui a gardé la foi en sa vision et en l'inspiration divine à l'intérieur de lui, et ce, afin de libérer son peuple du manque de respect et de justice résultant, encore une fois, de la domination et de l'expression de l'ego collectif de ses adversaires. Mandela a réussi à faire entendre la voix du peuple africain, condamnant ainsi la misère noire, les bas salaires, l'exploitation inhumaine et toute la politique abusive issue de la domination blanche. **«Tous des résultats d'un leadership d'ego.»**

La position de chef n'a pas été accordée par l'histoire à certains individus pour qu'ils en usent ou en abusent selon leur bon vouloir. Comme toutes les formes de leadership, elle donne des responsabilités spécifiques à qui le détient.

– Nelson Mandela

Un chef est avant tout le serviteur de son peuple, il est la voix de son peuple.

– Albert Luthuli

L'amour-propre se reflète toujours dans notre façon d'aimer les autres. Un leadership dominant et écrasant reflète tout simplement le manque d'estime de soi et de confiance. Le besoin de sentir que nous dominons notre prochain est tout simplement un résultat découlant de la peur de nous faire dominer. Le manque de confiance par rapport aux autres reflète tout simplement le manque de confiance en soi. Tout ce que l'on inflige à l'autre, on se l'inflige aussi à soi-même. Tous ces comportements proviennent de notre ego, et lorsque notre leadership en est inspiré, c'est impossible d'exercer un leadership puissant à long terme, car les résultats négatifs et destructeurs ne tarderont pas.

L'amour est la plus grande force, car elle vient directement de notre cœur. D'ailleurs, l'amour EST notre source de vie et notre vraie nature. Il rassemble, mobilise, inspire et crée littéralement des miracles. Les résultats générés par un leadership d'amour et de cœur sont beaucoup plus importants, puissants et transformateurs, allant même jusqu'à propulser un peuple, une équipe ou une famille au-delà de ce que tous croyaient possible.

L'amour divin est comparable au moyeu d'une roue: au centre de la roue, tout devient un. Plus nous nous éloignons du moyeu de la roue, donc vers l'extérieur, plus les espaces entre les rayons de celle-ci deviennent grands, créant ainsi l'illusion qu'ils sont séparés les uns des autres. En revanche, c'est le centre de la roue qui garde tout en place et qui permet à la roue d'être solide et intègre. C'est aussi le rôle de notre cœur: il est notre centre, notre moyeu.

Dans le centre sacré de notre cœur, nous sommes tous connectés à la vie elle-même. Dans ce centre, nous retrouvons la paix et le calme. De façon similaire au moyeu de la roue, c'est en ce centre que nous devenons un avec le Tout, avec notre Créateur et l'humanité entière. C'est dans notre cœur que nous nous alignons sur la source de vie et que nous prenons conscience que nous ne pouvons en être séparés.

Le cœur possède son propre cerveau![11]

Saviez-vous que le cœur possède son propre cerveau? Qu'il peut fonctionner même sans notre cerveau mental? Eh oui, cela a été prouvé scientifiquement. Alors, afin de vous sensibiliser

11. Texte tiré de: http://www.vopus.org/fr/gnose/connaissance-gnostique/le-coeur-a-un-cerveau.html.

à cette grande puissance qui habite à l'intérieur de nous, permettez-moi de vous faire part de quelques faits et découvertes scientifiques :

Que le cœur ait un cerveau, c'est une métaphore, non ? Non. On a découvert que le cœur contenait **un système nerveux indépendant et bien développé,** comptant plus de 40 000 neurones et un réseau complexe et dense de neurotransmetteurs, de protéines et de cellules d'appui.

Est-il intelligent ? Grâce à ses circuits tellement élaborés, il semble que **le cœur puisse prendre des décisions et passer à l'action indépendamment du cerveau** et qu'il puisse apprendre, se souvenir et même percevoir. Il existe quatre types de connexions qui partent du cœur et vont vers le cerveau de la tête.

Le champ électromagnétique du cœur est le plus puissant de tous les organes du corps. Il s'avère 5 000 fois plus intense que celui du cerveau. Et on a observé qu'il varie en fonction de l'état émotif.

Quand nous avons peur, que nous ressentons une frustration ou du stress, il devient chaotique. Et se remet-il en ordre avec les émotions positives ? Oui. Et nous savons que le champ magnétique du cœur s'étend de deux à quatre mètres autour du corps, c'est-à-dire que **tous ceux qui nous entourent reçoivent l'information énergétique contenue dans notre cœur.**

À quelles conclusions nous amènent ces découvertes ? Le circuit du cerveau du cœur est le premier à traiter l'information, qui passe ensuite par le cerveau de la tête.

Ce nouveau circuit ne serait-il pas un pas de plus dans l'évolution humaine ? Il y a deux types de variation de la fréquence cardiaque : l'une est harmonieuse, présente des ondes amples et régulières et prend cette forme quand la personne a des émotions et des pensées positives, élevées et généreuses ; l'autre est désordonnée et présente des ondes incohérentes.

Apparaît-elle avec les émotions négatives ? Oui, avec la peur, la colère ou la méfiance. Mais, il y a plus : les ondes cérébrales sont synchronisées avec ces variations du rythme cardiaque, c'est-à-dire que le cœur entraîne la tête. La conclusion en est que **l'amour du cœur n'est pas une émotion, c'est un état de conscience intelligente...**

Et comment pouvons-nous activer ce circuit ? En cultivant nos qualités de cœur : l'ouverture vers le prochain, l'écoute, la patience, la coopération, l'acceptation des différences, le courage... Et on fait ça 24 heures sur 24 ? C'est la pratique des pensées et des émotions positives. Il s'agit essentiellement de nous libérer de l'esprit de séparation et des trois mécanismes primaires : la peur, le désir et l'instinct de domination, mécanismes profondément ancrés chez l'être humain, parce qu'ils nous ont servi à survivre des millions d'années. Et comment nous en libérons-nous ? En adoptant une position de témoin, en observant nos pensées et émotions sans les juger, et en choisissant les émotions qui peuvent nous faire nous sentir bien. Nous devons apprendre à avoir confiance en notre intuition, et reconnaître que la vraie origine de nos réactions émotionnelles n'est pas dans ce qui arrive à l'extérieur, mais dans notre intérieur. Eh oui ! Cultivons le silence, entrons en contact avec la nature, vivons des périodes de solitude, méditons, contemplons, prenons soin de notre environnement vibratoire, travaillons en groupe, vivons avec simplicité. Et interrogeons notre cœur quand nous ne savons pas quoi faire.

Les leaders de cœur ne sont pas seulement des gens de grande renommée; il y a une multitude de leaders de cœur tranquilles dont nous n'entendons pas parler dans les journaux et les médias. On reconnaît souvent un leader de cœur au moment de ses funérailles, grâce aux divers témoignages relatant sa vie sur terre. On prend alors davantage conscience, alors qu'il effectue son retour vers la source, du nombre de personnes qui ont été touchées par sa présence, ses bonnes actions et ses accomplissements.

J'ai plusieurs exemples de gens non connus qui ont accompli des choses qui pourraient sembler insignifiantes pour nos médias, mais qui ont eu un impact important dans la vie des personnes qu'ils ont côtoyées lors de leur vivant.

Parmi ces leaders, certains ont sauvé des vies grâce à leur attention, leur amour et leur contribution, exprimant ainsi leur leadership de cœur.

Par exemple, il y a cet homme qui, ayant vécu durant la Grande Dépression, n'avait jamais eu les moyens d'aller à l'université, un rêve qu'il chérissait. Il a donc insisté pour que ses quatre enfants aillent à l'université. D'ailleurs, ses enfants faisaient souvent des plaisanteries en disant que les premiers mots qu'ils avaient appris à dire étaient: « Tu vas aller à l'université. » Ils y sont tous allés. Et, même si leur père n'avait pas fait de hautes études, il était quand même un génie en mathématiques et a obtenu un poste de direction important chez TRW. Il a d'ailleurs été audité par le gouvernement, car ce dernier ne comprenait pas comment cet homme aux moyens limités pouvait avoir fait autant de dons de charité durant son vivant.

Et, bien qu'il ait pris sa retraite après avoir travaillé 43 ans pour cette compagnie, le rôle qu'il a joué durant toutes ces années n'a été que peu relaté durant ses funérailles. En revanche, ce sont ses petits-enfants qui ont valorisé son rôle de leader de cœur, de héros, en chantant au micro la chanson « *Wind Beneath My Wings* ». Son fils adoptif s'était également joint à eux pour chanter, lui qui a perdu ses parents alors qu'il était très jeune. Il a en fait été élevé par son oncle et sa tante, puis a été adopté par eux alors que leurs propres enfants étaient déjà adolescents.

Sa valeur fut évaluée en considérant son grand cœur, et non l'important héritage financier qu'il laissait derrière lui.

Trop souvent, nous croyons que notre valeur sera évaluée en tenant compte de notre apparence, de notre performance, de nos accomplissements ou de nos avoirs. Nous établissons nos objectifs de vie en considérant notre portefeuille. Nous croyons avoir du succès parce que nous avons acheté la plus belle voiture, la plus grande maison ou parce que nous avons obtenu des diplômes universitaires, tous des besoins issus de l'ego.

La grande valeur de cet homme s'est résumée en trois points : sa foi, sa famille et sa grande contribution à son entourage. Ses petits-enfants en ont d'ailleurs témoigné lorsqu'ils ont relaté à quel point l'empreinte qu'il a su laisser ne s'effacera jamais au fil du temps, notamment sa façon de toucher profondément les gens, non seulement les membres de sa famille, mais tout son entourage et sa communauté.

Alors, en tant que leader, que ce soit d'un peuple, d'une équipe ou de votre famille, qu'aimeriez-vous que soit le témoignage à votre égard lorsque vous quitterez cette vie ? Que désireriez-vous entendre? Quelle empreinte aimeriez-vous laisser derrière vous ? Serait-elle profonde, de sorte que les années ne pourront jamais l'effacer de la mémoire des personnes que vous aurez côtoyées?

Ce qui demeurera dans la mémoire de tous sera un reflet direct du genre de leadership que vous aurez exprimé durant votre existence, c'est-à-dire de cœur ou d'ego?

Récemment, un ancien maire d'une ville bien connue de la province de Québec a été condamné et envoyé en prison après des années de corruption et de fraude. Cet homme fut très connu, très respecté, jusqu'à ce que la lumière fasse place à la vérité et aux résultats de son leadership d'ego dominant qui dura pendant plus de 20 ans. Quel a été l'impact de ses choix, de ses actions et de ses gestes non seulement sur la population de cette ville qui fut exploitée et carrément volée, mais sur sa famille et sur lui-même ? Que laissera-t-il derrière lui ? Triste résultat, parfait exemple d'un leadership d'ego et non de cœur. Le prix payé pour ce genre de comportement fut très élevé et n'en valait vraiment pas la peine ! Oui, il a pu garder son trône longtemps, mais pas éternellement. Seul l'amour de son prochain est éternel et laisse une empreinte qui fait une différence en contribuant au bien-être de tout un chacun.

Un autre exemple de leadership de cœur, d'une personne qui fut bien connue, est celui de la princesse Diana. Elle a été membre de la famille royale, et les médias l'ont carrément harcelée. Elle aurait pu s'apitoyer sur son sort. Au contraire, elle a su exercer un leadership de cœur en combinant sa popularité et les médias afin que l'humanité se joigne à elle pour soutenir de grandes causes. Tellement de levées de fonds gigantesques ont été organisées par cette grande dame afin de venir en aide aux plus démunis. Tellement de visites nocturnes elle a faites dans les hôpitaux lorsqu'elle ne pouvait pas dormir, prenant soin de se rendre auprès des patients qui se mouraient du sida ou d'autres maladies graves.

Nous n'avions qu'à regarder ses funérailles, à écouter les multiples témoignages des gens qu'elle avait touchés et à être témoins de l'amour que son peuple lui portait pour comprendre l'impact qu'elle avait eu dans la vie de plusieurs. Sa mort a attristé des milliers de personnes.

Il n'y a aucune difficulté que l'amour ne peut conquérir,
aucune maladie que l'amour ne peut guérir,
aucune porte que l'amour ne peut ouvrir.
S'élever suffisamment en conscience d'amour peut tout résoudre.
Si seulement nous pouvions aimer suffisamment, nous serions
les êtres les plus puissants et les plus heureux du monde.

– Emmet J. Fox

CHAPITRE 5

Comment exercer un leadership de cœur?

Le leadership de cœur demande une bonne connaissance de soi. Il exige de reconnaître non seulement ses forces, mais sa vraie nature, qui est divine.

Reconnaître que nous sommes tous des idées et des expressions du Créateur demande de prendre conscience de notre pouvoir et d'en être responsables. Chacun est cocréateur. Et nous devons être conscients de ce que nous désirons créer et de l'impact de nos créations sur le Tout, sur l'humanité. Nous devons réaliser la puissance de notre parole, outil avec lequel tous les êtres humains créent. Aussi, nous devons prendre conscience et être responsables de tous les mots qui sortent de notre bouche. En tant que leaders, soyons conscients que nos paroles ont un énorme impact sur le Tout. D'ailleurs, si je ne suis pas ma parole, je ne suis plus grand-chose.

Voici une citation du livre *L'âme du leadership* du grand auteur Deepak Chopra[12] :

> *« Les paroles que vous prononcez sont des événements. Elles produisent un effet sur les autres, il ne faut jamais l'oublier. Vos paroles développent votre pensée, l'émotion, la perception, vos relations et votre rôle social.*
>
> *» Les linguistes affirment que la parole ne sert pas qu'à communiquer des idées. Une simple phrase est multidimensionnelle. Assumer la responsabilité de vos paroles, c'est aller au-delà de leur contenu.*
>
> *» Rayonnez de votre lumière aussi pleinement que possible. Gardez un minimum dans l'ombre. Ne suscitez pas délibérément d'ambivalence ou de sentiments insondables. Exprimez-vous de manière cohérente. Maintenez la courtoisie et le respect envers autrui.*
>
> *» Les mots sont une fenêtre sur l'âme. Vous réussirez beaucoup mieux en l'ouvrant qu'en la gardant close. »*

La manifestation de nos créations doit bénéficier à tous, non seulement à nous-mêmes. Un auteur et conférencier fort réputé que j'apprécie tout particulièrement, Stephen R. Covey, détaille dans son livre à succès, *L'étoffe des leaders*, publié aux éditions FIRST, les principes fondamentaux suivants comme base du leadership :

- ***L'apprentissage permanent est fondamental***

Les principes s'enrichissent constamment en lisant, en suivant des formations, en écoutant les autres, mais surtout en prenant

12. Deepack Chopra, *L'âme du leadership*, Le Dauphin Blanc, 2011.

du temps tous les jours avec nous-mêmes afin de découvrir ce que notre source divine a à partager avec nous. Cette curiosité continuelle nous permet de développer nos compétences, d'augmenter notre capacité à faire des choses et de nous guider vers des centres d'intérêt qui nous étaient jusqu'alors inconnus.

L'inspiration de créer des choses extraordinaires vient de notre intérieur; il faut y passer du temps régulièrement afin d'aller y puiser ces idées créatrices. Comment ? En prenant du temps tous les jours pour simplement ÊTRE dans le silence, même seulement 15 minutes par jour, pour puiser dans cette cascade et chute d'inspiration continuelle, sans limites, où tout devient possible. Cette connexion intérieure est la base de tous les principes de leadership, quel que soit son niveau.

Nous découvrons d'ailleurs que plus nous « apprenons », moins nous en savons ! La connaissance est une énergie qui se renouvelle sans cesse. Avec les principes de leadership, vous développerez vos capacités plus facilement et plus rapidement en apprenant à tenir vos promesses et vos engagements, non seulement envers les autres, mais envers vous-même.

Action : **« Je prends du temps tous les jours pour demeurer dans le silence, à l'écoute de mon cœur et de ma voix intérieure. Je suis alors guidé vers les bonnes lectures, cours et personnes qui m'aideront à grandir et à avancer dans mon cheminement de vie. »**

• *Le service à la base de toute mission*

Ceux qui fondent leur existence sur ces principes envisagent leur vie comme une mission, et non comme une carrière.

J'aime la métaphore de Stephen R. Covey selon laquelle le service, en tant que leader, est fondamental. Il dit que c'est comme s'imaginer tous les matins en train d'enfiler un harnais en pensant au travail à accomplir durant la journée. S'imaginer que l'on permet à quelqu'un d'autre d'ajuster le joug ou le harnais tout au long de la journée. S'imaginer attelé avec une autre personne à ses côtés (un collègue ou son conjoint) en apprenant à avancer ensemble.

Nous pouvons l'envisager comme un exercice moral ou intellectuel, mais avoir le sens des responsabilités et de l'engagement à vouloir servir, ainsi que le désir de contribuer à l'élévation de la collectivité, sera le seul moteur qui nous permettra d'avancer dans la bonne direction, et ce, de façon beaucoup plus rapide, sans avoir un sentiment de lourdeur s'apparentant à devoir pousser ou tirer. D'ailleurs, sans les éléments ci-dessus, la tentative risque d'être vaine et de nous épuiser énergétiquement.

Action : **« J'accepte, dans ma vie, la contribution des personnes autour de moi qui ont le même désir de servir et de faire une différence dans leur monde, que ce soit au travail, dans leur communauté ou à la maison. »**

Un parfait exemple d'un leadership provenant de l'ego, et non du cœur, se reflète souvent par un grand manque de responsabilité et de respect à l'égard des employés et de la communauté. La récente situation indécente chez Bombardier, causée par le manque d'empathie et de considération envers les employés et le peuple canadien, en se votant d'énormes augmentations de salaire après s'être fait financer et sauver par le peuple lui-même, donc aussi par leurs propres employés, représente un type de résultats que l'ego et son insanité aiment créer.

Aucune considération pour le tout, aucune considération du fait que l'entreprise ait été sauvée de la faillite par le peuple canadien, aucune considération du fait d'avoir envoyé au chômage, en 2016, des milliers d'employés qui ont contribué à leurs nouvelles augmentations salariales.

Dans son livre *L'âme du leadership*, Deepak Chopra cite les huit points suivants qui représentent les responsabilités d'un dirigeant :

1. « Je suis responsable de ce que je pense. »
   (Mes pensées créent ma réalité.)

2. « Je suis responsable de ce que je ressens. »
   (Mes émotions et mon ressenti me confirment si je fais les bons choix.)

3. « Je suis responsable de la manière dont je perçois le monde. »
   (Mes croyances génèrent mes attitudes, mes comportements et mes résultats.)

4. « Je suis responsable de mes relations. »
   (Mon entourage est un bon indice de qui je choisis d'être.)

5. « Je suis responsable de mon rôle dans la société. »
   (Qui je choisis d'être dans le monde a un impact sur le Tout.)

6. « Je suis responsable de mon environnement immédiat. »
   (Je respecte mon environnement en me respectant moi-même.)

7. « Je suis responsable de mes paroles. »
   (Mes paroles créent, alors je demeure alerte et conscient de tout ce qui sort de ma bouche. Toutes mes paroles doivent être alignées sur ce que je désire vraiment.)

8. « Je suis responsable de mon corps. »
(Mon corps est un temple divin. Je dois le traiter avec respect. Je réalise que j'ai besoin d'un corps en santé pour pouvoir assumer mes responsabilités en tant que cocréateur et leader.)

• *L'énergie positive*

Les personnes qui construisent leur existence sur ces principes fondamentaux sont joyeuses, agréables et heureuses. Leur attitude est optimiste, positive et rayonnante. Leur esprit est enthousiaste, plein d'espoir et de confiance en l'avenir. Cette énergie positive est comme une aura qui les entoure et qui transforme les champs d'énergie négative autour d'elles. Et quand il leur arrive d'entrer en contact avec des rayonnements plus négatifs, elles ont tendance à les neutraliser ou à les éviter. Quelquefois, elles s'éloignent tout simplement de la sphère empoisonnée. La sagesse leur donne le sens de l'humour et de l'à-propos nécessaire pour y faire face.

Soyez conscient de votre propre énergie et sachez la dominer et la faire rayonner. Dans une situation conflictuelle ou chargée d'énergie négative, essayez de pacifier l'atmosphère, de ramener l'harmonie pour désamorcer l'énergie destructrice. Vous découvrirez ainsi à quel point l'énergie positive se transmet, devenant particulièrement contagieuse lorsque combinée avec la confiance et une intention claire visant la solution idéale pour toutes les parties concernées.

Action : **« Je demeure positif et confiant et je me concentre sur les meilleures solutions pour tous. »**

• *La confiance réciproque*

Ce principe nous permet de réagir avec modération et tempérance aux comportements négatifs, aux critiques ou aux faiblesses humaines. Les personnes qui suivent ces principes ne sont pas surprises ou menacées par la faiblesse des autres ; elles ne sont pas naïves, puisqu'elles sont conscientes de ces faiblesses humaines. Il est important de comprendre qu'il y a une distinction importante entre le comportement et l'être (le potentiel divin) d'une personne. Ces deux aspects sont complètement différents. Il suffit de croire dans les capacités propres à chacun. Si on accorde à chacun un potentiel caché (son être divin), ce sera beaucoup plus facile pour nous de pardonner et d'oublier les attaques ou les critiques.

Nous pouvons aussi observer ces comportements comme une projection de quelque chose qui a besoin d'être guéri à l'intérieur de nous ou encore comme des situations ou comportements qui nous offrent l'opportunité d'exprimer des forces ou des qualités qui étaient en dormance à l'intérieur de nous. En ayant confiance que la vie nous envoie tout ce dont nous avons besoin afin de gagner en maturité et d'exprimer notre plus grand potentiel d'être, il est alors beaucoup plus facile de voir ces personnes ou ces situations comme des bénédictions et des possibilités de transformation intérieure, au lieu de les voir comme des menaces. Plus nous acceptons rapidement les leçons de vie que celles-ci nous permettent d'apprendre, plus ces personnes sortiront rapidement de notre vie, ou encore la relation que nous entretenons avec elles, peu importe la situation, s'en trouvera complètement transformée.

Il est important de se refuser d'étiqueter les autres, de les stéréotyper, de les catégoriser ou de les juger. Cela demande de prendre constamment conscience de nos pensées et de nos croyances, car il est tellement facile pour nous, en tant qu'êtres humains, de tomber dans les pièges du jugement et de la condamnation de notre prochain.

Les personnes qui appliquent ces principes de base parviennent déjà à imaginer un chêne lorsqu'elles voient un gland, et comprennent le processus qui consiste à aider le gland à devenir un grand chêne à son propre rythme. Leur *focus* est mis sur le potentiel (le chêne), car elles sont certaines que le chêne est effectivement présent à l'intérieur même du gland.

Les personnes centrées sur elles-mêmes croient qu'elles détiennent la clé grâce à leur supériorité, à ce « truc » qui les distingue des autres, mais cela ne peut qu'être temporaire. Si vous croyez au potentiel qui réside en « nous », et non pas seulement en « vous », si vous êtes réceptif, vous encouragez et permettez que ce potentiel (l'être divin) puisse s'exprimer dans toute sa splendeur.

Je ne parle pas ici des personnes qui abusent continuellement de votre confiance et de votre bienveillance, et qui ont des comportements malhonnêtes envers vous ou vos proches. Pourtant, ces personnes ont leur raison d'être aussi dans votre vie. Bien souvent elles se retrouvent sur votre chemin pour vous apprendre à vous respecter, à vous faire confiance, à vous affirmer et à honorer votre propre potentiel divin.

Action : **« Je choisis de retirer mes filtres intérieurs provenant de mes croyances parfois erronées et de regarder les autres avec les yeux du cœur. »**

• *Une vie équilibrée*

Les personnes qui ont une vie équilibrée lisent des livres de qualité et se tiennent au courant des événements du monde. Elles sont socialement actives, ont beaucoup d'amis et quelques confidents. Elles sont intellectuellement et spirituellement vives et s'intéressent à beaucoup de choses. Il faut lire, regarder, observer et écouter pour apprendre. Il faut être physiquement actif, tout en s'amusant et en prenant du bon temps. Un bon sens de l'humour est indispensable, surtout par rapport à soi-même et non aux dépens des autres.

Il faut une attitude saine et honnête vis-à-vis de soi. L'estime personnelle doit se manifester par le courage, l'intégrité et la modestie. Le besoin de se pavaner, de se vanter de relations célèbres, de mettre en avant ses possessions, ses titres ou ses succès passés est tout simplement le fruit de l'ego, et non pas de l'être divin qui habite le cœur. Un besoin de « se prouver » est directement relié à un besoin de l'ego.

Les leaders qui veulent respecter ces principes se doivent d'être ouverts, simples, directs et de ne pas manipuler les autres. Ce ne sont pas des extrémistes – pas de « tout ou rien » – qui divisent le monde entre ce qui est bien et ce qui est mal. Ils ont la capacité de faire régner le bien. Leurs actions et leurs attitudes sont adaptées à la situation. Ils pratiquent l'équilibre, la tempérance, la modération et la sagesse.

Les bons leaders ne sont ni des bourreaux, ni des fanatiques religieux, ni des maniaques politiques, ni des dictateurs brimant les droits et libertés de qui que ce soit. Ils ne se condamnent pas eux-mêmes pour leurs erreurs ; au contraire, ils apprennent de celles-ci. Ils vivent de manière sensée dans le présent, et planifient avec soin l'avenir en s'adaptant avec souplesse lorsque les circonstances changent. Leur honnêteté est perceptible dans leur sens de l'humour, leur aptitude à admettre leurs erreurs et à accomplir leurs tâches avec entrain.

Action : **« Je cesse de me prendre trop au sérieux. J'assume mon rôle de leader avec souplesse et légèreté, avec humour et joie. Je joue le jeu de la vie pleinement, sans avoir peur de perdre. »**

• *La vie en tant qu'aventure*

Il est important de savourer chaque moment de la vie. Parce que la sérénité vient de l'intérieur et non de l'extérieur, cela demande d'apprécier et de commencer chaque jour avec un esprit neuf et ouvert, tels des explorateurs courageux qui partent en expédition pour des contrées inexplorées sans savoir ce qui les attend, mais convaincus de leur intérêt pour la nouveauté et de l'apprentissage par l'expérience. Plutôt que de puiser dans les ressources de leur confort habituel, dans la sécurité de ce qu'ils ont bâti, ils trouvent leur sérénité dans l'initiative, la créativité, la volonté, le courage, l'énergie et l'intelligence innée.

Voir la vie comme une aventure permet de redécouvrir les autres à chaque rencontre en leur posant des questions dont les réponses favoriseront un engagement envers eux. Ces leaders savent écouter et tirer profit de l'échange et du partage en démontrant un intérêt authentique envers les autres. Ils ne se laissent pas facilement dérouter et cherchent à s'adapter à n'importe quel imprévu. Deux de leurs principes fondamentaux sont la flexibilité et la souplesse. Ils vivent véritablement une vie épanouie.

Action: **«Je m'ouvre à recevoir tous les cadeaux disponibles pour moi présentement. J'exprime ma gratitude pour toutes les belles bénédictions dans ma vie, ainsi que dans celle des autres.»**

• *La synergie*

La synergie est l'association de plusieurs facteurs qui concourent à une action et où la totalité est supérieure à la somme de ses parties. Une personne qui vit selon ses principes est synergique et devient un catalyseur de changement. Elle est capable d'améliorer pratiquement n'importe quelle situation dans laquelle elle se trouve. Elle travaille durement et intelligemment pour être productive, mais de manière créative et constructive.

Un bon leader se devra donc d'associer harmonieusement les membres de son équipe en essayant de pallier les faiblesses des uns par les forces des autres. Pour atteindre l'objectif fixé, il devra déléguer son pouvoir facilement et naturellement en ayant confiance en ses collaborateurs. Nulle menace n'est perçue dans les capacités d'autrui, donc nul besoin de surveillance – voire d'espionnage – relié à de la jalousie. En cas de conflit, il saura garder ses distances et dissocier les personnes du conflit ou du problème qui surgit, en se concentrant sur les intérêts et les préoccupations des autres plutôt qu'en restant sur ses positions. Ensemble, on arrive à des solutions synergiques qui sont, en général, bien meilleures que les propositions d'origine, et ce, grâce au compromis par lequel chacun «donne» et «reçoit».

Une synergie puissante se manifeste lorsque tous choisissent de lâcher prise en cessant de vouloir avoir raison à tout prix (comportement provenant de l'ego), en plus d'être prêts à entendre et à comprendre la perception des autres, en plus d'être prêts à s'engager quant à une nouvelle perception commune bénéfique pour tous.

Action: **«Je m'ouvre aux perceptions des autres qui peuvent parfois différer des miennes. Je suis prêt à les écouter et à essayer de les comprendre avec mon cœur. Ensemble, nous créerons une nouvelle perception commune, qui sera bénéfique à tout un chacun.»**

Voici les résultats provenant d'un leadership de cœur :

- **La confiance en soi ;**
- **La persévérance ;**
- **La vision à moyen et long terme ;**
- **La motivation continuelle ;**
- **L'empathie ;**
- **La compassion ;**
- **Le contrôle et la gestion de ses émotions ;**
- **L'adaptabilité aux gens et aux situations.**

Moment de réflexion

Lesquels de ces principes fondamentaux représentent un défi pour moi ? Quelles actions puis-je entreprendre afin de les mettre en application et de les maîtriser ?

Les principes fondamentaux du leadership de cœur

Comment savons-nous si nous vivons selon les principes et la guidance du cœur?

- **Cela demande un effort conscient;**
- **Cela demande de la persistance;**
- **Cela demande du courage;**
- **Cela demande énormément d'engagement;**
- **Cela demande une très grande discipline.**

Si seulement cela était facile...

- **Si cela était facile, nous n'aurions pas besoin de ces principes et lignes directrices pour avoir du succès;**
- **Si cela était facile, ce ne serait pas un défi;**
- **Si cela était facile, tout le monde appliquerait ces principes tout le temps!**

Qui ne ressent pas le besoin de s'améliorer un peu (ou même beaucoup)?

- **En tant que parent;**
- **En tant que conjoint;**
- **En tant qu'ami;**
- **En tant que partenaire;**
- **En tant que citoyen;**
- **En tant que LEADER.**

Voici les cinq principes clés faisant partie intégrante du leadership de cœur

Principe clé nº 1

- Les paroles n'ont aucune valeur si les actions ne les soutiennent pas.
- « Nous pourrions changer le monde demain, si les millions de personnes à travers le monde agissaient selon leurs vraies croyances. » (Jane Goodall)

Principe clé nº 2

- Nous sommes ce que nous faisons !
- Nous nous approprions une qualité particulière lorsque nous agissons constamment d'une façon particulière.
- « [...] Nous devenons justes en pratiquant des actions justes, modérés en pratiquant des actions modérées, braves en pratiquant des actions braves. » (Aristote)

Principe clé nº 3

- Tout ce que nous faisons a un impact, soit positif soit négatif.
- Agissons toujours comme si le monde entier nous regardait, car c'est toujours le cas !
- Il n'y a jamais de mauvais moment pour faire la bonne chose.

- « Il est impossible d'être seulement 90 % intègre; vous l'êtes ou vous ne l'êtes pas ! » (PETER SCOTESE)

Principe nº 4

- La règle d'or demeure de l'or.

- Traitons les autres comme nous aimerions être traités, agissons à l'égard des autres tel que nous aimerions que les autres agissent envers nous.

Principe nº 5

C'est entièrement une question de caractère !

Confiance
Attitude positive
Respect
Amour
Courage
Tempérance
Éthique et intégrité
Responsabilité
Engagement

Moment de réflexion

Quel type de leadership est-ce que je crois exercer, et qu'est-ce que je désire transformer dans ma situation ?

Qu'est-ce que j'aimerais laisser derrière moi ? Quels genres de témoignages aimerais-je entendre lorsque je ne serai plus là ?

Quel héritage, autre que financier, est-ce que je désire léguer à mes enfants, ma famille, mon entourage et ma communauté?

CHAPITRE 6

Les transformations possibles grâce au leadership de cœur

Comme mentionné dans les chapitres précédents, le leadership de cœur demande de la présence et de la conscience. Plus nos leaders, parents, coachs et tous les individus ouvriront leur cœur et élèveront leur conscience, plus la lumière du cœur prendra sa place sur terre, créant ainsi la nouvelle terre dont nous entendons parler depuis plusieurs décennies.

Cela nous demandera de laisser le passé en arrière, de choisir de voir nos frères et sœurs avec les yeux de notre cœur, et non au travers de nos filtres constitués de nos croyances, préjugés, histoires et perceptions individuelles. Ces filtres nous empêchent de voir vraiment le potentiel de l'être à l'intérieur de chaque personne. Cela nous demande de vivre dans l'« ici et maintenant », et non pas dans ce passé qui n'existe plus ni dans ce futur qui n'existe pas encore.

Exercer un leadership en demeurant dans le moment présent permet d'être dans un tout nouvel espace où l'inspiration du cœur peut entrer en communication avec tout un chacun, sans filtres, sans obstacles, sans interférences. L'inspiration est nécessaire à la création, ce qui fait remonter à notre conscience des possibilités extraordinaires et nourrit notre imagination. Notre imagination est le potentiel divin qui frappe à la porte de notre conscience. L'imagination, en retour, suscite en nous un désir intense de passer à l'action.

Prenons un instant pour imaginer ensemble une planète qui serait un reflet direct de la puissance du leadership de cœur, où tous les dirigeants de tous les pays du monde, et de toutes les entreprises ou organisations dans le monde, exerceraient, appliqueraient et maîtriseraient ce genre de leadership.

Prenons un instant pour imaginer ensemble une planète où tous les leaders réaliseraient qu'ils n'ont plus rien à perdre, où la lumière pure et divine issue du cœur comblerait tous les besoins, inspirerait les bonnes pensées, paroles et actions et subviendrait à tous les besoins de chaque être humain sur cette terre, et non pas seulement de quelques pays ou sociétés sélectionnés parmi plusieurs, mais à tous !

Prenons un instant pour imaginer ensemble une planète où tous ces leaders choisiraient l'inspiration du cœur au lieu de celle venant de l'ego et de la peur de perdre quoi que ce soit.

C'est certain qu'une transformation planétaire en résulterait… !

J'aime énormément la chanson de John Lennon, *Imagine*, qui est plus appropriée que jamais. Si chaque être humain prenait le temps, chaque jour, de visualiser une planète complètement transformée par l'amour du cœur, cette vision se créerait dans le cœur de chaque personne. Si tous faisaient cet exercice quotidiennement, nous pourrions transformer cette planète à une vitesse vertigineuse, car notre vision créatrice serait commune, synergique et alignée, donc très puissante. Mais cela demande l'engagement et la volonté de chaque individu. Toutefois, vous pouvez commencer dès maintenant, individuellement, car votre visualisation aura un impact sur toute l'humanité. Elle sera contagieuse, car nous sommes tous un, nous sommes tous connectés les uns aux autres par la source divine.

Si vous avez apprécié le film *Avatar*, vous avez fort probablement noté que cette sagesse y est bien démontrée, tout spécialement lorsque la tribu prie et répète un mantra. Chacun se tient alors par la main et tous se concentrent sur une vision commune, une intention commune. Tous écoutent leur maître spirituel qui les inspire à la prière, qui les guide dans cette vision commune, mais ce maître spirituel prend conscience du besoin de puiser et de mobiliser la puissance divine à l'intérieur de chaque membre de sa tribu afin que le miracle puisse se manifester.

Nous avons tous une très grande puissance intérieure. Notre société est un reflet de l'utilisation de cette même puissance pour servir l'ego, et non la source de vie ou le cœur. Cette même puissance, jumelée avec l'amour divin à l'intérieur de nous et alignée sur lui, sera beaucoup plus forte, car l'amour est l'énergie la plus puissante de l'Univers. Jusqu'à maintenant, nous n'avons pas su nous en servir; nous avons laissé notre ego, notre mental, et l'opposé de l'amour qui est la peur, prendre la relève, créant ainsi de toutes pièces le monde dans lequel nous vivons. Naturellement, cela est aussi un résultat de l'ignorance et des fausses croyances créées par des soi-disant maîtres spirituels qui ont utilisé leur pouvoir et leur puissante influence pour garder les peuples dans l'ignorance, dans la peur d'un dieu imaginaire qui nous écrase et nous voit supposément comme de pauvres petits pécheurs. Cela permettait à ces faux maîtres de mieux dominer et priver les êtres humains de leur héritage divin, qui consiste en la puissance de l'amour créateur qui leur a été donné par la source divine.

Le besoin de dominer, d'écraser et de garder l'humanité dans la peur est un comportement résultant de l'ego, lequel reflète notre côté plus sombre.

Par ailleurs, la conscience s'éveille maintenant, la lumière du cœur nous fait voir clairement tout ce qui était caché à l'intérieur de chacun de nous, et ce, afin que nous puissions nettoyer, purifier et libérer nos comportements négatifs et les remplacer par ceux qui sont inspirés par le cœur.

J'aime beaucoup la métaphore du livre *La Villa des Miracles*[13] de l'auteur Alain Williamson. Le maître spirituel fait vivre une expérience très importante à son élève en l'emmenant vivre une excursion touristique à bord d'un sous-marin dans les profondeurs de l'océan à Maui. Son invité voit alors de merveilleuses choses, notamment des poissons aux couleurs extraordinaires et des coraux de toute beauté que l'on ne peut percevoir à la surface de l'eau, mais il y voit aussi des débris et des déchets. Le guru spirituel explique à son élève que cela illustre à merveille les éléments dont nous sommes inconscients, à savoir qu'il y a à l'intérieur de nous, dans notre subconscient, de très beaux souvenirs, de très belles croyances, mais aussi des débris et des déchets dont nous ne sommes pas du tout conscients. Ceux-ci nous nuisent et sont à l'origine de certaines attitudes et comportements qui ne nous servent pas et qui ne servent pas non plus à la conscience collective, à l'humanité.

Nous devons nettoyer ces déchets et débris émotifs afin d'accéder à la conscience divine et ainsi de recevoir ses messages et son inspiration.

La méthode *Ho'oponopono* décrite dans le livre mentionné ci-dessus, mais plus largement expliqué dans le livre ainsi que dans plusieurs autres écrits produits par divers auteurs, date de

13. Alain Williamson, *La Villa des Miracles*, Le Dauphin Blanc, 2014.

plusieurs siècles. Elle provient plus précisément des anciennes tribus hawaïennes, avant même la venue de Jésus-Christ sur terre. Cette méthode simple, mais puissante, nous permet de nettoyer nos débris et déchets afin d'accéder à une conscience plus élevée, la conscience divine.

En utilisant ce mantra très simple et détaillé dans ce livre, en développant le réflexe de le répéter régulièrement aussitôt qu'un aspect de nous ayant besoin d'être nettoyé se fait ressentir dans notre comportement ou celui de quelqu'un de notre entourage, en devenant plus conscients du principe de nettoyage nécessaire, nous pouvons nettoyer, purifier et libérer rapidement les débris et déchets intérieurs qui nuisent à notre transformation, à notre ascension vers une conscience plus élevée, plus alignée sur notre cœur et la Source.

L'urgence de la transformation se fait maintenant sentir, et les êtres humains le savent dans leur for intérieur et recherchent des pistes de solution. Il y a de plus en plus de leaders qui s'éveillent, qui cherchent et qui réalisent que l'ancienne énergie ne fonctionne plus. Plus les êtres humains se réveilleront, ce qui est déjà bel et bien en cours et en progression, plus les êtres humains refuseront des leaders qui ne les traiteront pas avec honneur et respect et qui n'auront pas à cœur le bien-être de tout un chacun. Pas simplement de leur peuple, mais aussi de tous les peuples du monde. Alors, cette nouvelle terre se manifestera grâce à cette nouvelle conscience collective. Cela s'applique aussi à l'environnement et aux animaux. La nouvelle énergie nous inspire et nous pousse à évoluer et à vivre une transformation. Elle inspire et est à la source des organisations cherchant à faire respecter les droits de l'homme, de l'environnement et de la faune, car toute forme de vie est une expression de la source divine.

Eckhart Tolle en fait d'ailleurs très bien mention dans son livre *Nouvelle Terre*[14] lorsqu'il écrit :

« Les adeptes réalisent ainsi que le degré de spiritualité n'a rien à voir avec ce que vous croyez, mais tout à voir avec votre état de conscience. Et cet état de conscience détermine la façon dont vous agissez dans le monde et avec autrui.

» Mais comme l'ego est destiné à se dissoudre, toutes les structures rigides, qu'elles soient de nature religieuse, institutionnelle, corporative ou gouvernementale, se désintégreront de l'intérieur, même si elles semblent profondément ancrées. Ce sont les structures plus rigides, plus hermétiques au changement qui s'effondreront les premières.

» Quand on se trouve devant une crise radicale, quand la vieille façon d'être dans le monde, d'interagir avec autrui et avec la nature ne fonctionne plus, quand la survie est menacée par des problèmes apparemment insurmontables, soit une forme de vie particulière ou une espèce mourra, soit elle dépassera les limites qui lui sont imposées et fera un bond évolutif. »

Nous sommes témoins que ces prophéties sont en train de se produire, que nous y sommes, que l'urgence de notre transformation est maintenant à nos portes. Il suffit d'écouter les actualités pour réaliser que cela est en train de se manifester. Notre transformation individuelle aura un effet évolutif sur le Tout. Cela demande à chacun d'élever sa conscience. Nous sommes tous des leaders, nous sommes tous des maîtres ; agissons donc ainsi dans notre vie, dans nos interactions avec autrui, devenons

14. Eckart Tolle, *Nouvelle Terre*, Ariane, 2005.

dès maintenant responsables de nos pensées, paroles et actions. Soyons responsables de nos créations, soyons engagés, par nos agissements, soyons des modèles de cette transformation. Inspirons les autres à vouloir, eux aussi, élever leur conscience et à accéder ainsi à leur potentiel divin.

Je réalise que je ne peux pas contrôler toutes les situations ni les autres, mais j'ai le contrôle sur une personne, moi, ainsi que sur ma réaction quant aux situations et aux comportements des autres. Élever ma propre conscience me permet de faire partie de la solution et de la transformation collective, au lieu de contribuer aux problèmes collectifs. Cela demande d'être très présent. Est-ce que je tombe parfois ? Bien sûr ! Mais j'ai développé un réflexe pour nettoyer les dégâts et pouvoir ainsi rebondir plus rapidement. C'est cela, la différence. Nous avons tous de grandes responsabilités : celle de transformer notre propre comportement, celle de ne plus jouer à la victime et blâmer les autres, les situations ou les circonstances, celle de nous prendre en main et de choisir de créer un monde meilleur, non seulement pour nous, pour nos proches et pour nos familles, mais pour l'humanité au grand complet.

Cela demande du courage, de la persévérance, de la foi et, surtout, de la discipline pour filtrer et choisir ce que nous laisserons entrer dans notre conscience, et ainsi cesser d'agir comme des automates, des êtres hypnotisés par l'illusion d'un monde superficiel conçu par l'ego. C'est très simple, une seule loi est fondamentale : « Tout ce qui n'est pas aligné sur l'amour et généré par l'amour ne peut provenir de la source divine. » D'ailleurs, tout ce qui n'est pas amour ne peut être issu de la conscience divine ni même en faire partie.

Un leader aligné sur la source divine et inspiré par elle ne peut tuer, piller, violer ou détruire ni son prochain, ni son environnement. Un leader aligné sur la source divine aura comme objectif de préserver la vie. Un leader aligné sur la source divine aura à cœur le bien-être de son peuple, de ses enfants en tant que parent, de son équipe en tant que gestionnaire ou coach, et traitera les autres avec respect et honneur sachant que tous représentent une partie de lui-même.

Une portion importante de la population terrestre reconnaît que l'humanité se trouve présentement devant un choix brutal : évoluer, se transformer ou mourir ! Un pourcentage encore relativement faible, mais constamment croissant de l'humanité, est en train de faire sauter les vieilles structures de l'ego et d'entrer dans une nouvelle dimension de la conscience. Nous voyons de plus en plus de peuples surmonter leurs peurs et sortir dans les rues afin de marcher avec courage pour protester et dire non à la corruption, à l'abus de pouvoir et au manque de respect des droits et libertés en tant qu'êtres humains.

Si les structures du mental humain restent telles qu'elles sont, nous finirons toujours par recréer fondamentalement le même monde, les mêmes démons, le même dysfonctionnement.

- Eckhart Tolle, auteur de Nouvelle Terre

Pour rajouter à cette citation, non seulement nous reproduirons le même dysfonctionnement, mais nous détruirons complètement notre monde. Comme je l'ai mentionné dans un chapitre précédent, nous sommes passés très près de la fin du monde le 26 septembre 1983. Une simple décision prise différemment, par un individu qui aurait été inspiré par son mental (ego), et nous n'existerions déjà plus aujourd'hui ! L'urgence de nous transformer est évidente, sinon nous disparaîtrons de la planète, tels les dinosaures et plusieurs autres civilisations.

En revanche, une nouvelle énergie est maintenant disponible, une nouvelle vibration et une nouvelle terre. Dans les prophéties de la Bible, aussi bien dans l'Ancien Testament que dans le Nouveau Testament, il est cité l'émergence d'un « nouveau paradis et d'une nouvelle terre ». Le *paradis* n'est pas un lieu, mais il représente le royaume intérieur de la conscience. Tel est le sens ésotérique de ce terme. C'est également le sens des enseignements de Jésus. La terre devient alors une manifestation extérieure de ce paradis intérieur. La conscience humaine collective et la vie sur notre planète sont intrinsèquement liées.

Le nouveau paradis, c'est l'avènement d'un état de conscience humaine transformée, la nouvelle terre en étant le reflet dans le monde physique.

– Eckhart Tolle, auteur de Nouvelle Terre

Comme mentionné par une multitude d'auteurs, que ce soit en matière de spiritualité, d'ésotérisme ou de prophétie, au fur et à mesure que l'ancienne conscience se dissout, il est certain que, parallèlement, des bouleversements géographiques et climatiques se produisent à bien des endroits sur la planète, bouleversements auxquels nous assistons déjà et qui ont grandement augmenté depuis l'an 2000.

Il est maintenant nécessaire d'agir, d'élever notre conscience, de prendre conscience de l'importance de chacun de nos choix, et surtout des croyances qui ne nous servent plus afin de les remplacer par celles qui sont inspirées par notre cœur et la source divine.

Moment de réflexion

De quoi suis-je conscient à la suite de cette lecture? Quels choix différents puis-je faire maintenant? Quelles transformations deviennent possibles grâce à ces nouveaux choix?

CHAPITRE 7

Les actions spécifiques afin d'éveiller notre conscience

La méditation et le silence

Comme mentionné dans un chapitre précédent, nous ne pouvons élever notre conscience ou recevoir les messages ou inspirations divines si nous nous laissons continuellement étourdir par du bruit, les médias sociaux, etc.

Afin d'élever notre conscience, il est nécessaire de prendre le temps d'ÊTRE, et de cesser de FAIRE, ne serait-ce que 30 minutes par jour. Nous sommes des « Êtres » humains et non des « Faires » humains !

Trouvez le meilleur moment de la journée qui vous permettra de développer et maîtriser vos moments de méditation. Choisissez un moment qui vous permettra de tenir votre engagement par rapport à votre source intérieure et à votre cœur. Puisque cette source génère tout, n'est-ce pas une priorité de communiquer avec elle régulièrement ? Que deviendrait votre vie de couple si vous n'aviez jamais de temps à lui consacrer, si vous cessiez d'avoir des conversations régulières avec votre conjoint ou conjointe ? C'est simple, après un certain temps, elle serait inexistante. C'est exactement la même chose lorsque nous voulons développer notre communication avec la conscience divine. Cela demande de nous y engager, cela demande de notre temps. Plus vous passerez de temps en silence avec votre source divine intérieure, plus vous élèverez votre conscience.

Lorsque je pars pour des séjours de silence complet de deux ou trois jours, mon entourage me demande souvent comment je fais. « Comment peux-tu te couper complètement du monde extérieur et ne pas t'ennuyer ? » Ma réponse est toujours la même : « C'est très facile pour moi, même que je savoure pleinement ces moments ; c'est un grand cadeau, pas un fardeau ! » Ces moments de silence sont importants pour moi. Ayant deux entreprises qui demandent beaucoup d'allées et venues, mon métier me demandant d'être continuellement à l'écoute des autres, je le sens lorsque vient le temps pour moi de prendre une bonne pause de silence. Ma source intérieure, par ma conscience, m'interpelle et me demande une rencontre afin que nous puissions nous réaligner à nouveau totalement.

Durant ces séjours, je n'écoute ni radio ni télévision, je ne me sers pas de mon ordinateur, je ne visite même pas les réseaux sociaux. Je demeure entièrement seule avec moi-même. Tout ce que j'ai avec moi, c'est une tablette et un crayon, car je communique beaucoup avec ma source intérieure par l'écriture.

Je suis souvent en silence lorsque je conduis. Je peux facilement faire l'aller-retour Montréal-Québec sans un seul son dans ma voiture. Cela impressionne mon conjoint, qui n'arrive pas encore à le faire. J'ai également déjà fait l'aller-retour Montréal-Kingston en Ontario sans un son dans ma voiture. J'adore cela ! J'apprécie tout particulièrement le silence; il me nourrit, il m'inspire, il me permet d'entendre ce que ma source intérieure veut bien me communiquer.

Lorsque nous goûtons les vrais moments de silence, d'écoute intérieure (ce que j'appelle la « méditation »), que nous prenons le temps de développer ces moments, de les savourer, ceux-ci deviennent un besoin fondamental, et nous ne pouvons plus nous en passer. Lorsque j'ai commencé à méditer, en 1984, je le faisais lorsque mes jeunes enfants étaient au lit pour la nuit, car le jour, j'étais prise dans le tourbillon de me préparer pour le travail, les préparer pour la garderie, etc. Alors, après les bains et après les avoir bordés pour la nuit, j'attendais qu'ils soient profondément endormis, et cela devenait mon moment précieux, mon cadeau, ma récompense de la journée. Ce moment durait de 30 minutes à 1 heure, selon l'état dans lequel je me trouvais, car j'étais parfois plus fatiguée.

Cependant, ce rendez-vous avec mon intérieur était devenu la plus importante partie de ma journée. Ces méditations m'ont permis de traverser une période très difficile : divorce, solitude et monoparentalité (deux très jeunes enfants), difficultés financières, etc., et ce, sans somnifères ou antidépresseurs. J'ai réussi à bien dormir toutes les nuits, à moins qu'un de mes enfants fût malade, ce qui veut souvent dire, les parents le savent bien, de devoir passer une nuit blanche. Toutefois, cela ne s'est produit que très rarement.

Ces méditations élevaient ma conscience, m'apportaient des réponses à des problèmes et à des questionnements que je vivais à ce moment-là, en plus de créer plusieurs miracles dans ma vie. Ces moments de silence sont maintenant un besoin fondamental. Mes enfants sont maintenant adultes et ont quitté la maison. Cela me permet de méditer tous les matins. En revanche, les jours où je dois quitter la maison très tôt pour des voyages à l'extérieur, le silence complet dans ma voiture pendant que je conduis me permet quand même de faire la connexion à ma source intérieure, qui est toujours avec moi de toute façon. Cette source est partie intégrante de nous. Il va donc sans dire que nous n'en sommes jamais séparés. Toute séparation n'est que pure illusion.

Par contre, lorsque mes obligations me demandaient énormément d'énergie pendant quelques mois, le besoin se faisait alors sentir pour moi de partir en silence quelques jours, loin du monde extérieur. Comme je l'ai exprimé précédemment, durant ces périodes de silence, je ne répondais à aucun appel ni à aucun courriel; seuls en faisaient partie le silence, la méditation, la prière et la lecture de livres inspirants qui me nourrissaient et qui m'aidaient, encore une fois, à élever ma conscience.

D'ailleurs, ma source intérieure m'apporte toujours, soit par l'entremise de mon entourage, soit par le partage de quelqu'un qui a lu un livre, l'éducation spirituelle et le développement personnel dont j'ai besoin. N'est-il pas connu que les livres que nous sommes appelés à lire se retrouvent toujours entre nos mains exactement au moment où nous en avons besoin ?

La musique

La musique est une source de vibrations très puissantes qui peut élever notre conscience rapidement. Naturellement, il faut bien choisir notre musique, pas des vibrations qui créent plus de stress, mais une qui nous détend, qui calme le mental et qui nous permet d'entrer dans un espace de paix et d'harmonie.

Le chant nous permet aussi d'élever notre conscience. D'ailleurs, certaines formes de méditation requièrent le chant d'un mantra ou tout simplement l'écoute du chant de ce mantra. Celui-ci crée aussi une vibration à l'intérieur de nous et nous facilite l'accès à la conscience, car le but du mantra est d'occuper le mental pendant que nous accédons à un niveau de conscience plus élevé.

D'ailleurs, le mantra de *Ho'oponopono* est disponible en chant et en musique. Il m'arrive souvent de l'utiliser comme musique de fond en continu dans ma voiture. Cela permet un nettoyage intérieur continuel, sans que notre mental puisse intervenir. Le mantra fait le travail de nettoyage dans notre subconscient sans que nous ayons à nettoyer les débris intérieurs par des efforts mentaux qui, de toute façon, s'avéreraient inutiles. Il m'arrive aussi parfois de faire jouer ce même mantra musical comme musique de fond dans la maison lorsque je fais du travail de bureau. Je ressens tout simplement l'inspiration de faire jouer cette musique de temps à autre, faisant confiance à ma source intérieure qui sait quand j'en ai besoin, quand un nettoyage devient nécessaire. Je sens alors immanquablement la différence rapidement, presque instantanément, oserais-je dire. Un sentiment de paix, de calme et de clarté prend alors place quasi sur-le-champ.

Un jour, ma femme de ménage, qui est d'ailleurs aussi maintenant une très bonne amie, s'est soudainement mise à pleurer sans savoir ce qui jouait, et surtout pourquoi elle pleurait. Quand elle m'a dit trouver cette musique tellement belle, j'ai partagé avec elle ce que cette musique représentait et lui ai expliqué la raison de ses larmes. En fait, c'était le signe qu'une partie de son intérieur se faisait nettoyer, purifier et libérer. Elle était impressionnée de ressentir ce qui se passait, sans en connaître la raison.

Un jour où j'étais en voyage d'affaires et où nous avions plusieurs heures de route à faire, j'ai fait jouer cette musique dans ma voiture, alors que ma collègue de travail et amie s'y trouvait également. Après quelques minutes, elle s'est mise à pleurer, sans savoir pourquoi. Je lui ai donné la même explication. Ayant lu le livre *Zéro Limite*[15] du Dr Joe Vitale, dans lequel sont donnés les enseignements de *Ho'oponopono,* elle a compris ce qui se passait et a décidé, elle aussi, de commander le CD afin d'en bénéficier à son retour.

15. Joe Vitale, *Zéro Limite*, Le Dauphin Blanc, 2008.

Parmi les cadeaux reçus de la source divine, figure une bonne voix pour le chant. J'ai donc toujours chanté dans ma jeunesse, autant à la maison qu'à l'école. J'ai aussi fait partie de chorales.

Par contre, lorsque j'ai traversé une période difficile dans ma vie, il y a déjà longtemps, j'avais complètement arrêté de chanter, sans m'en rendre compte, durant plusieurs années. J'écoutais toutefois beaucoup de musique et de chants inspirants. Un jour, mon conjoint me l'a fait remarquer, car il était habitué de m'entendre chanter en voiture ou pendant que j'accomplissais des tâches ménagères. Cela m'a fait prendre conscience que quelque chose se passait en moi, que j'avais enfoui et réduit au silence une partie de ma propre expression. Les situations difficiles que j'avais traversées m'avaient fait perdre la conscience de ce cadeau qui m'avait été donné, celui d'avoir une belle voix pour chanter !

Lorsque j'en ai pris à nouveau conscience, j'ai décidé de répéter une superbe chanson pour les 60 ans de mon conjoint, une chanson qui nous représente tellement bien, *Through the Years*, un succès du chanteur country Kenny Rogers. Ainsi, à l'insu de mon conjoint, je rencontrais régulièrement mon beau-frère musicien et chanteur, qui a beaucoup de talent, et ensemble nous avons produit une trame musicale, car j'étais beaucoup trop gênée, à cette époque, pour chanter devant nos familles et amis lors de cette fête surprise que je lui organisais.

J'ai donc fait enregistrer la trame musicale par mon beau-frère, que j'ai ensuite remise à ma fille, qui était venue me filmer pendant que je peaufinais cette chanson pour mon conjoint. Tous les deux ont fait un superbe travail, et lorsque la chanson et la vidéo furent diffusées sur un grand écran pour mon conjoint et les invités, tous ont versé des larmes, et je m'inclus ! À la fin de cette soirée, beaucoup sont venus me voir, estomaqués, car personne, mis à part ma famille immédiate, ne savait que je chantais. Cela me fait sourire, maintenant, lorsque je regarde ce moment appartenant à mon passé.

Oui, ce fut un beau cadeau à offrir à mon conjoint, mais le plus important de tout cela a été de rallumer en moi le désir de vouloir chanter, car lorsque je chante, c'est thérapeutique, mes vibrations atteignent des niveaux extraordinaires, me permettant de me sentir vivante et pleine d'amour. Je me retrouve alors dans une vibration d'amour et de joie indescriptible. Cet événement m'a motivée à suivre des cours de chant, qui sont devenus pour moi des moments d'expression incroyables. Et, même si j'arrivais parfois à mes cours vraiment vidée et fatiguée de ma journée, j'en ressortais avec l'énergie « dans le plafond » ! Mon conjoint était toujours impressionné de me voir revenir à la maison avec des yeux pétillants de bonheur et de joie.

Le chant élevait une fois de plus ma conscience, me permettait d'atteindre des niveaux de joie et d'enthousiasme inestimables. J'ai donc poursuivi mes cours de chant pendant deux ans, avec une professeure extraordinaire qui m'a amenée à un niveau que je ne croyais jamais pouvoir atteindre.

Par la suite, mon beau-frère a organisé deux soirées de levée de fonds pour l'hôpital pour enfants Sainte-Justine, à Montréal, et il m'a demandé de faire quelques prestations en public, devant environ 150 invités. J'étais très nerveuse, mais la conscience me rendait présente au fait que j'offrais un cadeau à l'auditoire, que je partageais cette vibration extraordinaire avec eux, ce qui m'a donné le courage de chanter avec beaucoup d'amour et de joie. Je suis toujours entourée de musique, que ce soit à mon travail, dans la voiture, dans le jardin, etc.

La musique est un élément fondamental servant à élever la conscience.

Lors d'un festival de Jazz à Montréal, j'ai vécu un moment de grande présence alors que mon conjoint et moi étions installés sur la terrasse d'un restaurant, tout près de la scène extérieure principale, près de la Place des Arts. La musique jouait, et je suis devenue hyperconsciente des gens d'âges différents, de nationalités différentes, de couleurs différentes, qui suivaient le rythme avec leur tête, leurs pieds et leurs mains. Tous étaient connectés à la vibration musicale de ce moment, tous étaient côte à côte, en paix et en harmonie. Cela m'a fait voir ce qu'il adviendrait si chacun élevait sa propre conscience, pour ainsi élever la conscience collective. Nous pourrions, tout comme lors de ce concert, être tous à proximité l'un de l'autre, dans la joie, la paix, l'amour et l'harmonie. C'est une question de vibration commune, de conscience commune.

L'acceptation

L'acception de ce qui est, sans préjugé, sans jugement, sans étiquette. L'acceptation des différences est un facteur très important, qui nous permet de laisser tomber la résistance qui ne se conjugue qu'avec douleur et souffrance.

Le fameux dicton, qui dit que « Tout ce à quoi l'on résiste persiste », est très significatif. L'acceptation nous permet de faire des choix différents afin de transformer des circonstances ou des situations. Nous ne pouvons pas être guidés par notre source divine intérieure si nous sommes occupés à mettre toute notre énergie dans de la résistance. La résistance vient de la peur, de l'ego, et devient un obstacle à la guidance de la conscience.

La valeur des perceptions des autres

Lorsque nous sommes alignés sur la conscience divine et que nous acceptons le fait que nous sommes tous connectés les uns aux autres, faisant tous partie du Tout, cela crée une ouverture vers des perceptions qui peuvent différer des nôtres. Cela nous offre la chance d'avoir une vision plus globale d'une situation.

Lorsque nous réalisons que notre perception des gens ou des situations passe, de façon générale, par nos filtres intérieurs, nos croyances, notre culture, notre passé et notre éducation, cela nous demande de réaliser également que personne ne détient l'ultime vérité, mais plutôt que nous détenons tous des morceaux de cette vérité. C'est seulement lorsque nous sommes prêts à écouter avec l'intention de vraiment comprendre l'autre, d'enlever nos filtres intérieurs, que nous pouvons prendre conscience de perceptions ou de solutions auxquelles nous n'avions pas accès auparavant.

Lors de mes interventions en coaching, j'aime bien me servir de métaphores et d'exemples pour aider mes participants à comprendre la puissance de nos filtres intérieurs et la façon dont ils peuvent teinter les perceptions de la réalité. Il me fait plaisir de partager ici un de ces exemples avec vous.

Imaginez que votre jeune enfant commence l'école primaire et que son meilleur ami s'appelle « Patrick ». Il revient de l'école parlant toujours de Patrick avec enthousiasme et joie. « Patrick et moi avons fait ceci et cela ensemble. » Vous avez même invité Patrick chez vous pour le rencontrer, et il est vraiment un garçon gentil, aimable, poli et bien élevé.

Récemment, vous avez été convoquée à une rencontre parents et professeurs vous donnant l'occasion de rencontrer la mère de Patrick pour la première fois. Quelle perception avez-vous de sa mère avant même de l'avoir rencontrée ? Plutôt positive, n'est-ce pas ? Elle doit être une bonne mère puisque son fils est un si gentil garçon !

Maintenant, modifions un peu cette histoire. C'est le début de l'année scolaire, et votre fils fait face au même Patrick, mais, cette fois-ci, Patrick est le « baveux » de l'école. Il harcèle votre fils, allant même jusqu'à le terroriser littéralement. Votre fils est revenu plusieurs fois de l'école en larmes, ne voulant plus aller à l'école et se plaignant de maux de ventre. En résumé, il n'est plus le même enfant enjoué que vous avez connu jusqu'à ce jour.

Vous êtes convoquée à cette même rencontre parents et professeurs, où vous rencontrez la mère de Patrick pour la première fois. Comment la percevez-vous présentement ? De quelle façon allez-vous aborder avec elle la situation que vit en ce moment votre fils par rapport au sien ? Vous êtes déjà dans un état plutôt négatif, désirant ardemment faire cesser ce harcèlement. Quelles émotions ressentez-vous maintenant en anticipant cette conversation difficile que vous devez avoir avec cette dame que vous ne connaissez pas encore ?

Alors, vous voyez cette dame, vous vous approchez d'elle et vous commencez la conversation en vous présentant en tant que parent de votre fils, lui demandant aussitôt si elle est au courant des problèmes qui existent entre Patrick et votre enfant.

Elle vous répond ceci : *Je suis au courant et j'en suis vraiment désolée. Voyez-vous, le papa de Patrick vient de quitter la maison, il y a seulement un mois, et Patrick le vit très difficilement. Votre fils n'est pas le seul à subir son comportement, et je suis régulièrement appelée à des rencontres avec mon fils dans le bureau du directeur de l'école. En revanche, nous sommes allés chercher de l'aide psychologique et nous travaillons main dans la main avec la direction de l'école dans le but d'aider Patrick à s'en sortir.*

Comment percevez-vous maintenant la mère de Patrick ? N'êtes-vous pas passée d'une perception plutôt négative, peut-être même teintée d'un peu de jugement et de condamnation, à une perception teintée maintenant de compassion et de compréhension ? Mais oui, et pourquoi ? Parce que vous avez reçu un morceau de vérité et d'information que vous n'aviez pas au début de votre conversation. Maintenant, vous avez une vision plus large, plus globale de la situation.

Je viens du monde de l'imprimerie, où j'ai tôt fait d'apprendre que les êtres humains ne perçoivent pas tous les couleurs de la même façon ; alors pourquoi en serait-il autrement des situations et des personnes ? Tout est teinté par nos filtres. Mais lorsque nous sommes prêts à vraiment écouter une autre personne en ce qui a trait à ses perceptions qui diffèrent des nôtres, nous pouvons alors mieux comprendre pourquoi l'autre ne perçoit pas nécessairement la même chose que nous par rapport à telle ou telle situation. Cela nous demande de mettre de côté nos filtres afin d'écouter avec la ferme intention de vraiment comprendre l'autre et d'exprimer de l'empathie afin de voir cette même situation à travers ses yeux et non les nôtres. Cela nous demande de lâcher prise par rapport au fait de désirer avoir raison à tout prix.

Par contre, cela ne veut pas nécessairement dire que nous serons d'accord avec l'autre perception, qui diffère de la nôtre, mais cela nous permettra de comprendre pourquoi cette personne pourrait percevoir cette situation différemment de nous. Le but de la conversation est de créer une solution ensemble. Il faut trouver une solution beaucoup plus élevée que notre unique perception, une solution qui profitera à toutes les parties concernées.

Sachez que vos croyances génèrent vos attitudes, que vos attitudes génèrent vos comportements qui, en retour, génèrent vos résultats. Vos croyances ne sont pas immuables et, en les transformant, vous obtiendrez automatiquement de nouveaux résultats !

Est-ce que l'on regarde au moins les bonnes choses ?

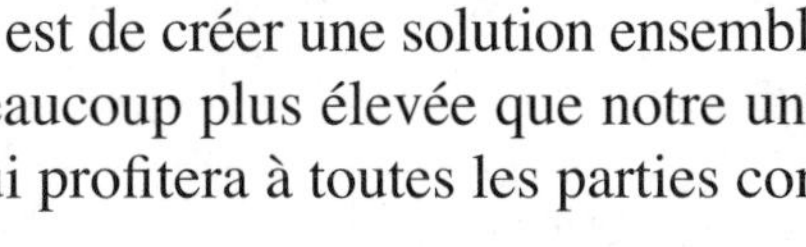

La puissance créatrice grâce à l'élévation de conscience

Si je peux le rêver, l'imaginer, le percevoir, alors je peux le créer !

En étant des cocréateurs avec la source divine, lorsque nous élevons notre conscience, cela nous permet d'atteindre un état d'imagination où tout devient possible. Comme cité dans la Bible (Luc 18 :27), « *ce qui est impossible à l'homme est possible à Dieu* ».

Chaque fois que j'ai besoin de me ressourcer rapidement, le meilleur remède pour moi est de partir dans les îles du Sud et de prendre du temps sur le bord de la mer. Le mélange de sable, mer, ciel bleu, végétation dense remplie de fleurs et de palmiers, élève rapidement ma conscience et mon champ énergétique.

Dans mes moments de solitude, lorsque je m'arrête pour contempler l'océan qui s'étend à l'infini, je parviens très rapidement à capter l'immensité qui se trouve à l'intérieur de moi. Ces moments me permettent de visualiser toutes sortes de merveilleuses possibilités et de croire en elles. Ma vibration augmente énormément, et mon côté créatif se réactive. J'entre dans un autre monde, dans une vibration complètement différente, et je capte non seulement des messages inspirants, mais je touche à cette partie de moi qui vibre avec le Tout. Je me sens bien, je me sens en paix, dans une forme d'extase où je ne manque de rien. Un espace de grande satisfaction et d'immense gratitude. La mer a depuis toujours cet effet grandiose sur ma vibration intérieure.

Comme cité par l'auteur Steven R. Covey, tout se crée deux fois, une fois par le mental et une seconde fois dans le monde physique. Par ailleurs, lorsque le cœur dicte et inspire notre mental qui, en échange, nous motive à passer aux actes, alors ce que nous avons imaginé ou rêvé prend forme et se manifeste dans le monde physique.

Toute création débute par une idée semée dans notre mental. Mais d'où vient cette idée, cette semence, lorsque nous élevons notre conscience ? Celle-ci est semée dans notre cœur par la source divine qui, en retour, inspire le mental afin de nous propulser vers une action.

J'aime cette citation que j'ai lue il y a longtemps dans une publication du *Daily Word* de Unity : « Le rêve est simplement Dieu qui frappe à la porte de votre cœur, vous informant que votre désir est déjà prêt pour vous et vous demandant simplement d'être prêt à le recevoir. »

La puissance inestimable de l'imagination nous a été donnée par la source divine. Nous devons donc débuter par imaginer et visualiser ce que nous désirons, voir et ressentir déjà le résultat de notre création, pour ensuite passer aux actes afin que celle-ci devienne réalité dans notre monde physique.

Chaque problème comporte une solution, et chaque but ou objectif contient un plan divin pour l'atteindre. Pour que cela fonctionne, nous devons nous conditionner et anticiper des résultats positifs. Nous devons utiliser notre pouvoir créateur, permettant à notre source intérieure de nous inspirer et de guider chacun de nos pas. Nous devons avoir une foi absolue selon laquelle nous obtiendrons tout ce dont nous avons besoin pour atteindre notre rêve, au bon moment et dans un ordre divin parfait. Nous devons amorcer notre création en nous engageant quant à notre but, en l'anticipant positivement. Cette recette gagnante nous maintient dans la joie et nous permet de demeurer alignés sur l'inspiration et les conseils de notre cœur.

Comme cité dans la Bible (Éphésiens 2:10), « nous sommes son ouvrage, ayant été créés dans le Christ Jésus pour les bonnes œuvres que Dieu a préparées à l'avance, afin que nous marchions en elles ».

Le courage, un élément essentiel dans la pratique de la conscience

Lorsque nous élevons notre conscience, nous ne pouvons plus jamais régresser et être la personne que nous étions auparavant. Lorsque nous sommes déconnectés de notre source intérieure, nous manquons de profondeur. Notre monde et nos besoins sont superficiels. Nous attachons beaucoup plus d'attention et mettons beaucoup plus d'efforts dans le fait de bien paraître. Nous travaillons fort à entrer dans le moule dicté par la société. Lorsque nous vivons de cette façon, dans un état d'inconscience, nous croyons être l'illusion que notre ego nous dicte, entraînant immanquablement un état d'insatisfaction constante.

La meilleure façon de voir que notre ego mène le *show*, c'est quand on a l'impression que nous ne sommes « jamais assez » et que nous ne possédons « jamais assez ». Il y a toujours quelque chose qui ne va pas avec nous ou avec les autres. Nous critiquons, jugeons et condamnons constamment. Nous nous comparons aux autres, et nous comparons tout à ce que l'ego considère comme correct et normal.

Prenons mon passé par exemple. Lorsque j'étais adolescente et jeune adulte, je n'étais jamais assez mince, jamais assez belle, jamais assez compétente. Je me comparais continuellement aux autres. J'étais ou j'avais moins que les autres, et cette conversation négative avec moi s'éternisait. Inutile de dire que j'étais malheureuse. Mes moments de vraie joie étaient peu nombreux et ne duraient jamais bien longtemps. Ces moments étaient temporaires, puisque je croyais que seulement les situations ou les personnes à l'extérieur de moi pouvaient m'apporter de la joie et du bonheur.

Durant ces années, mon vrai bonheur était donc à la merci des autres. Mais, un jour, j'ai réalisé que la joie est un état de la conscience qui résulte d'une vibration supérieure qui ne dépend pas des circonstances à l'extérieur de moi. La joie, tout comme l'amour, fait partie de moi. Personne ne peut me l'enlever. Il me suffit d'élever ma conscience pour être dans cet état.

Très certainement comme pour plusieurs d'entre vous, avant de réaliser cette vérité, j'investissais beaucoup de temps et d'efforts à faire tout ce qu'il faut pour me fondre dans le moule de la société. Je croyais que ma valeur dépendait des perceptions des autres à mon égard ainsi que par rapport à mes accomplissements. Mon image était tellement importante.

Une fois de plus, je vais utiliser une métaphore pour illustrer cette distinction.

Imaginez que vous commandez une pizza pepperoni-fromage pour livraison. Une demi-heure plus tard, on sonne à votre porte. Vous ouvrez et vous apercevez le livreur tenant votre pizza avec ses mains nues. Le fromage fondant coule un peu sur les rebords de ses mains ! Vous lui dites alors : « Où est la boîte de la pizza ? » À cette question, le livreur vous répond : « N'avez-vous pas commandé cette pizza ? » Vous lui répondez : « Mais oui ! Mais où est la boîte ? » Alors, il vous répond : « La boîte coûte un dollar de plus. Qu'est-ce qui est le plus important pour vous, votre pizza ou la boîte ? » Vous répondez alors : « La pizza, c'est certain, mais je tiens à la boîte ! Cette pizza n'est pas acceptable sans sa boîte ! » La valeur vient de la boîte d'un dollar, et non pas de son contenu, à savoir la partie que vous allez manger, la pizza elle-même qui a plus de valeur !

C'est certain que ce ne serait pas hygiénique de recevoir notre pizza de cette manière, mais le principe est relié au fait que nous consacrons tellement de temps et d'efforts dans notre image que nous en oublions la partie la plus importante, dans laquelle nous devrions investir temps et efforts, à savoir notre intérieur ! N'est-ce pas la partie la plus appétissante ! C'est d'ailleurs la partie de nous-mêmes qui peut nourrir les autres, car c'est notre intérieur qui manifeste à l'extérieur, et ce, selon nos croyances, nos pensées, nos paroles et nos actions. Nous ne sommes pas notre enveloppe extérieure, puisque notre valeur infinie réside à l'intérieur de nous. Tout comme pour la boîte de pizza, la valeur la plus importante est à l'intérieur.

Le courage est une vertu éminente afin d'oser être qui nous sommes vraiment à l'intérieur, d'avoir l'audace d'honorer notre propre essence, notre propre vérité, notre propre mission et notre raison d'être. Le courage de cesser d'investir temps, efforts et argent dans une enveloppe qui mourra et redeviendra poussière ! Cela ne veut toutefois pas dire d'ignorer notre santé physique et mentale, car nous avons besoin de notre véhicule physique pour créer et vivre la vie pour laquelle nous sommes nés. Cela veut simplement dire qu'il est nécessaire d'avoir du courage pour oser être nous-mêmes, être authentiques et offrir à l'humanité notre propre essence, nos talents et cadeaux uniques, et surtout afin de prendre la responsabilité de nos propres créations.

En élevant notre conscience, nous créons à partir d'un état d'amour et de joie. Nos créations qui se manifesteront alors dans le monde physique témoigneront automatiquement de notre beauté intérieure, qui n'aura rien à voir avec notre enveloppe, nos vêtements ou nos possessions. Au contraire, le rayonnement de la lumière de notre cœur sera comme un aimant, attirant à nous toutes les belles personnes et situations qui vibrent et qui sont alignées sur cette même haute fréquence.

Il y a tant d'exemples de leaders qui ont eu le courage de défier le statu quo. Il suffit de penser à Nelson Mandela, Martin Luther King, Malcolm X, mère Teresa, Abraham Lincoln, Gandhi, René Lévesque, ainsi qu'à plusieurs autres moins connus, mais qui font partie de notre histoire. Tous ont contribué à l'élévation de la conscience de notre monde par leurs actes de bravoure, de courage et de persévérance. Leur conscience les poussait à contribuer à quelque chose de plus grand qu'eux.

Une grande dame du Québec, Thérèse Casgrain, a su plaider, dans les années 1920, en faveur de nombreuses réformes, dont la principale a été l'obtention du droit de vote pour les femmes. Elle a d'ailleurs fondé, en 1961, la division québécoise du mouvement *La voix des femmes* dédié à la paix dans le monde.

Notre héroïne canadienne, Laura Secord, qui a risqué sa vie durant la güerre, n'a été reconnue que très tard dans sa vie pour sa bravoure et son courage. Cette femme a su écouter sa conscience et son cœur, et non sa tête. Elle a ainsi sauvé notre pays des mains des Américains. Encore beaucoup d'entre nous ne connaissent pas cette grande dame, que plusieurs associent tout simplement à des chocolats !

Voici un sommaire de son courage, de sa persévérance et de sa bravoure:

Laura décida d'aller, toute seule, prévenir le lieutenant FitzGibbon de l'attaque imminente des Américains. Elle partit avant l'aube et elle marcha, sans arrêt, durant dix-huit heures, traversant fermes, marais et forêts, courant le risque d'être repérée par une sentinelle américaine. Presque arrivée à destination, elle rencontra des guerriers autochtones et leur demanda de la conduire au quartier général de FitzGibbon, à qui elle transmit son message.

Ses efforts pour prévenir le lieutenant portèrent fruit. Les forces britanniques et leurs alliés autochtones, informés à temps par Secord de l'attaque des Américains, remportèrent la victoire. Si les Américains avaient été victorieux à Beaver Dams, ils auraient pu s'emparer de toute la région de Niagara. L'apport de Laura à cette victoire fut gardé secret puisqu'à l'époque, la famille Secord vivait derrière les lignes ennemies et qu'elle craignait les représailles des sympathisants américains qui vivaient au sein de la communauté. – Wikipédia

Voici également un extrait d'une de ses lettres qu'elle a fait parvenir à son amie intime Mary. Il nous permet de nous rendre compte qu'il y a encore beaucoup de travail à faire dans notre monde et qu'à l'égard de plusieurs aspects, nous n'avons pas encore élevé suffisamment notre conscience pour transformer certaines situations qui, en 2017, sont encore les mêmes :

> *Vous me connaissez depuis assez longtemps pour savoir que je partage vos opinions concernant les ambitions de l'homme en général. Certes, on peut aisément se passer de mon humble avis dans la société, mais j'ai tendance à croire que ce n'est pas demain la veille que les hommes se mettront à l'écoute des femmes, beaucoup plus pacifiques. Je ne suis pas clairvoyante, mais j'ai pour mon dire que les conflits armés ne sont pas terminés en ce bas monde. J'ai l'impression, à l'instar de ce que vous pensez, que les dirigeants de notre pays cherchent leur petite gloire personnelle au moyen de grands événements qu'ils provoquent. Mais, au-delà de toutes ces querelles partisanes, et au risque de vous paraître contradictoire, je comprends le désir légitime de l'homme de lutter pour sa liberté, de défaire les chaînes qui l'entravent, de revendiquer la justice, et de désirer la paix de l'âme au plus profond de lui-même. Mais l'humain est si faible qu'il en oublie parfois sa principale raison d'exister : l'amour !*

Est-ce vraiment différent dans notre monde ? Êtes-vous d'accord avec moi qu'il est grand temps de transformer notre réalité ?

Elle fut une héroïne discrète, n'ayant pas besoin de nourrir son ego grâce à la reconnaissance de ses compatriotes. Elle a reçu la reconnaissance du prince de Galles à 85 ans, avant quoi son acte de bravoure est demeuré secret, sauf pour son entourage intime.

Comme cité par Nelson Mandela: «Je peux faire comme si j'étais courageux, vous savez, comme si je pouvais battre la terre entière. J'ai appris que le courage n'était pas de ne pas avoir peur, mais d'en triompher. Moi-même, j'ai ressenti la peur plus de fois que je peux m'en souvenir, mais je la cachais derrière un masque intrépide. L'homme courageux n'est pas celui qui n'éprouve pas la peur, mais celui qui l'apprivoise.»

Le courage consiste à ceci:

- Suivre sa conscience au lieu de suivre la foule;
- Refuser de prendre part à des comportements irrespectueux et blessants;
- Sacrifier le gain personnel pour le bénéfice de tous;
- Dire avec authenticité ce que l'on pense vraiment, même lorsque les autres ne sont pas d'accord;
- Assumer la responsabilité de toutes ses actions ainsi que celle de ses erreurs;
- Suivre ses principes fondamentaux et insister pour que les autres fassent de même;
- Défier le statu quo en étant à la recherche de meilleures solutions;
- Faire ce que l'on sait être bien, même si cela comporte des risques et potentiellement des conséquences;
- Demeurer alignés sur ses valeurs fondamentales.

CONCLUSION

À l'aube de la création d'un monde meilleur

Nous sommes l'humanité, nous sommes les cocréateurs de la Source Divine. Elle nous pousse plus que jamais à élever notre conscience afin de transformer le monde que nous avons créé jusqu'à maintenant.

L'élévation de la conscience est la responsabilité de chacun de nous. Plus nous consacrerons temps et efforts à notre propre croissance et éveil spirituel, plus nous contribuerons à l'élévation de la conscience collective afin de créer ensemble un monde meilleur, un monde sans armes, un monde qui respectera la vie et l'honorera dans l'infinité de ses formes.

Nous sommes tous des maîtres, et il est temps que nous agissions en maîtres. Nous sommes tous des leaders, quel que soit le niveau duquel nous œuvrons. Et avec le rôle de leader vient aussi la responsabilité d'exercer cette grande puissance avec amour, compassion et intégrité, tout en sachant que chaque pensée, parole et action aura un impact direct sur notre avenir, en tant qu'humanité.

Voir, ce n'est pas croire. Croire, c'est voir !

Remerciements

Merci à Alain Williamson, des Éditions Le Dauphin Blanc, pour son coaching précieux. Il m'a permis de prendre une tout autre direction avec ce nouveau livre. Surtout, il y a cru suffisamment pour choisir de l'éditer.

Merci à tous les auteurs et professeurs qui m'ont inspirée tout au long de ma carrière à continuellement cheminer et à m'améliorer, à demeurer consciente de mes croyances, attitudes et comportements, et ce, afin de devenir un leader qui aura fait une différence auprès de toutes les personnes que j'ai eu l'honneur et le privilège de côtoyer, que ce soit dans ma famille, dans mon milieu de travail ou dans ma communauté. Merci mille fois !

Merci à Sylvie Provencher pour avoir révisé la première version du manuscrit.

Merci aussi à tous mes lecteurs pour leur intérêt à l'égard de ces écrits et pour leur encouragement. Je suis remplie de gratitude.

Suggestions de lectures

Eckhart Tolle, *Nouvelle Terre*, Ariane, 2005.

Deepak Chopra, *L'âme du leadership*, Le Dauphin Blanc, 2011.

Stephen R. Covey, *L'étoffe des leaders*, FIRST, 2013.

Nelson Mandela, *Pensées pour moi-même*, La Martinière, 2011.

Daily Word, Unity School of Christianity.

King James Bible.

Alain Williamson, *La Villa des Miracles,* Le Dauphin Blanc, 2014.

Richard Gougeon, *Le roman de Laura Secord*, Coup d'œil, 2010.

Isabelle Nazare-Aga, *Les manipulateurs sont parmi nous,* Les éditions de l'Homme, 1997.

À propos de l'auteure

Ghislaine Labelle, Coach professionnelle, formatrice agréée, conférencière et auteure. CSP.CPV.APV.

Ghislaine Labelle est la Présidente et la fondatrice de Coaching Vision Action.

Après une carrière de plus de 10 ans en tant qu'adjointe administrative, elle a acquis plus de 30 années d'expérience en ventes et marketing. Elle a occupé des postes en tant que représentante senior, gestionnaire d'équipes des ventes ainsi que directrice de projets spéciaux pour des entreprises multinationales spécialisées en imprimerie et en emballages pour les marchés cosmétiques et pharmaceutiques au Canada et dans l'est des États-Unis.

Elle a plus de 15 années d'expérience en formation et coaching de gestion professionnel et travaille avec une grande variété d'exécutifs et leaders dans divers marchés. Elle a été pendant plusieurs années membre de la Fédération internationale des coachs dont elle fut la Vice-Présidente pour le Québec en 2007, et a obtenu sa certification en tant que formatrice professionnelle de l'Université du Québec à Montréal (UQAM). Elle a gradué avec distinction du programme de certification en tant que formatrice agréée de L'Association canadienne des professionnels de la vente soit L'ACPV en 2009.

Conférencière et auteure. Elle livre une très grande variété d'ateliers en techniques professionnelles de la vente, techniques de négociation, planification stratégique de territoires, synergie d'équipe, gestion du temps et des priorités, techniques de communication et de leadership.

Ghislaine prononce une grande variété de conférences à des associations et organisations et a écrit plusieurs articles pour différentes revues d'affaires. Elle est auteure et a publié son premier livret, *A Transformational Journey*, en février 2011 ainsi que *À la découverte de soi,* en mars 2017.

Pour joindre l'auteure ou vous informer de ses services et activités, visitez le site www.coachingvisionaction.com.

MARQUIS

Québec, Canada

RECYCLÉ
Papier fait à partir de matériaux recyclés
FSC® C103567
FSC
www.fsc.org

Imprimé sur du Rolland Enviro,
contenant 100% de fibres postconsommation,
fabriqué à partir d'énergie biogaz et certifié FSC®,
ÉCOLOGO, Procédé sans chlore et Garant des forêts intactes.

PERMANENT

100%

BIO GAZ® ÉNERGIE

PROCESSED CHLORINE FREE · PROCÉDÉ SANS CHLORE

Garant des forêts intactes[MC]